GÉNÉALOGIES

DES FAMILLES

DU BOIS, DITE DE HOVES

ET

DU VERNAY DU PLESSIS

Cet ouvrage est tiré à soixante et quinze exemplaires destinés
au commerce :

60 exemplaires sur beau papier . . . . Prix : 16 francs.
10 exemplaires sur papier de Hollande . . Prix : 85 francs.
5 exemplaires sur papier de Hollande, avec
   gravures sur Chine. . . . . . . Prix : 40 francs.

Tous les exemplaires sont numérotés et signés par l'auteur :

N° 38. Paul Armand Cte du Chastel de la Howardries

Kain, lez-Tournai, le 2 Juillet 1876.

GÉNÉALOGIES

DES FAMILLES

DU BOIS, DITE DE HOVES

ET

DU VERNAY DU PLESSIS

DRESSÉES SUR TITRES

PAR

LE Cte PAUL-ARMAND DU CHASTEL DE LA HOWARDRIES,

Membre du Cercle Archéologique de Mons.

CET OUVRAGE EST ORNÉ DE 8 PLANCHES DONT 2 CHROMO-LITHOGRAPHIES

VASSEUR-DELMÉE

LIBRAIRE-ÉDITEUR, GRAND'-PLACE, 8, A TOURNAI

1878

GÉNÉALOGIE DE LA FAMILLE

DU BOIS

ᴅɪᴛᴇ DE HOVES ᴇᴛ DE FOSSEUX

Sᴇɪɢɴᴇᴜʀs *de Hoves, du Graty, du Brœcq, de la Court de Fardes, de le Huite, de Noeckinghe-lez-Courtebecque, du Bucq, de la Motte, d'Hérignies, de Drumetz, du Grand-Manain* (1), *de le Pretz, du Plouy-lez-Phalempin, du Moncheau* (au Mont-Sᵗ-Aubert), *d'Attiches, d'Hermaville, de Fosseux, de Bergneuse* ou *Berguegneuse, de Duisans, d'Haucourt, de Lassus, etc., etc.*

Aʀᴍᴇs : *d'azur, à trois vannets d'or, 2 et 1* (2).
Timbre : *un casque d'argent, taré aux trois quarts,*

---

(1) Ce fief relevait de la prévôté de Tournai (Hᴏᴠᴇʀʟᴀɴᴛ ᴅᴇ Bᴀᴜᴡᴇʟᴀᴇʀᴇ, *Essai chronologique pour servir à l'histoire de Tournay,* tome XI, p. 18). En 1288, le *magistrat* de Tournai fut appelé à prononcer sur un différend qui existait entre l'abbesse du Saulchoir et le seigneur du Manain, lequel voulait avoir la propriété de la fontaine minérale du Saulchoir et de son cours d'eau ; le magistrat décida en faveur de l'abbesse. — Le Manain proprement dit, ou *Grand Manain,* aujourd'hui propriété de M. *Auguste* Sᴀᴠᴀʀᴛ-Dᴇʟᴡᴀʀᴛ, est situé entre l'ancienne abbaye du *Saulchoir* (propriété de M. *Nicolas* Dᴇʟᴀɴɴᴏʏ, fabricant de chocolat à Tournai), au Nord-Ouest et au Nord ; le *Petit-Manain* (propriété de M. *Alexandre* ᴅᴇ Fᴇʀʀᴀʀᴇ ᴅᴇ Rᴇᴘᴘᴇᴀᴜ, écuyer), à l'Est et au Sud ; et enfin, le chemin de la Tombe au Follais, appelé le chemin de l'abbaye, à l'Ouest et au Sud-Ouest.
(2) On entend par *Vannet* une coquille dont on voit le *fond* ou le *creux,* et qui par cela même ressemble à un *Van.* Les *coquilles* proprement dites, sont vues à l'extérieur. Ludovic, Vicomte ᴅᴇ Mᴀɢɴʏ. *La science du blason.* p. ᴄʟᴠɪɪɪ.

2

- 6 -

grillé de cinq grilles d'or, liseré, colleté et couronné du même, fourré d'azur, assorti de ses lambrequins d'azur et d'or. Cimier : *une dague d'argent, à la garde d'or, la pointe enfoncée dans la couronne du casque, entre deux escoupes d'hermines* (ALIAS : *entre deux ailes de moulin d'hermines,* ou *entre deux jambières de gueules ouvertes et doublées d'hermines).* Supports : *deux lévriers contournés d'argent, colletés d'azur, le collier bordé, annelé et bouclé d'or* (ALIAS : *deux lions contournés d'or, couronnés du même, armés et lampassés de gueules,* supportant *des bannières, l'une à dextre, aux armes de l'écu; l'autre, à sénestre, aux armes* DE BARBANÇON : *d'argent, à trois lionceaux de gueules).* Devise : PLUS EN PLUS, HOVES! *d'azur, sur un listel d'or.* Cri de guerre : BOS DE HOVES! *de gueules, sur un listel d'argent.*

BOS DE HOVES

PLUS EN PLUS HOVES

du Bois de Hoves.

veuve frères à Tournai

INTRODUCTION.

La famille des seigneurs de Hoves, lez-Enghien, est bien certainement d'origine chevaleresque, car elle est mentionnée comme noble dans les plus anciens documents que l'on possède sur la noblesse du comté de Hainaut. Son nom a toujours été *dou Boz* ou *du Bos*, devenu dans certains auteurs, par suite d'une mauvaise lecture *don Boz*. Francisé vers le milieu du XVIᵉ siècle, ce nom est devenu *du Bois*, dit *de Hoves*. La ressemblance des noms *dou Boz* et *don Boz*, jointe à la proximité des fiefs de *Hoves* et de *Lombise*, nous aurait induit à penser que, malgré la différence de leurs armoiries, les seigneurs de Lombise du nom de *don Boz* ou *dou Boz,* qui portaient : *d'azur, au lion d'argent, à la bordure dentelée de gueules autour de l'écu,* étaient issus d'une branche de la maison *du Bois*, dite *de Hoves,* si l'alliance des *de Gavre de Steenkerque* avec les *du Bois de Fiennes* ne nous avait révélé l'existence de cette maison artésienne aux environs d'Enghien. C'est aux *du Bois de Fiennes* qu'il faut rattacher les sires de Lombise (1).

De l'une ou l'autre de ces maisons sont issus les *du Bois d'Enghien, Boisdenghien, Boisdainghien,* qui habitent principalement Enghien, Bruxelles et Ath.

---

(1) F. V. Goethals. *Dictionnaire généalogique et héraldique.* T. 2. Bruxelles, 1849, p. 381. Gavre. — T. 4. Bruxelles, 1852, p. 577. Thiennes.— *Annales du Cercle archéologique de Mons,* 1869. T. IX, p. 81 ; 1871, T. X, p. 409.

LE CARPENTIER, qu'il est impossible de ne pas citer lorsqu'on écrit la généalogie d'une famille wallonne, mentionne à la page 268 de la troisième partie de son *Histoire de Cambray et du Cambrésis*, divers personnages de la maison *du Bois de Hoves*, lesquels nous rapportons ici selon l'ordre chronologique :

1080. Watier *de Hove*, chevalier établi un des défenseurs de la cité de Cambrai contre *les mauvaises humeurs des chastelains* (1).

Un peu plus tard : Hugues *du Bois*, dit *de Hove*, chevalier, capitaine de Cambrai, époux d'Alix *de Wallincourt (de Valincourt)*, qui portait : *de gueules au lion d'argent*, dont :

1° Watier *du Bois*, dit *de Hove*.

2° Simon *du Bois*, dit *de Hove*, qui épousa Mathilde *de Béthencourt (échiqueté d'or et d'azur)*. Ce « *Simon fut un grand guerrier qui, trente jours* » *durant, tint le champ de bataille à tous les cava-* » *liers qui le voulurent attaquer, dont il sortit tout* » *estincelant de gloire et de merveilles.* » Il laissa de son mariage :

> A. Watier *du Bois*, dit *de Hove*, mentionné dans beaucoup de chartes des abbayes de St-Aubert, de St-André, du Verger et autres.

Dans l'acte d'une donation que fit à l'abbaye de St-Aubert, en 1204, Engelbert, sire *d'Enghien*, il est parlé de Gervais *de Hove*.

_____

(1) Un Watier DU BOIS DE HOVES passe pour être auteur de la maison *de Hertain* (Cambrésis), qui portait : *d'argent, à la bande d'azur, chargée de trois coquilles d'or*. Cimier : *un dragon issant d'argent, les ailes éployées.* Cri : DU BOIS DE HOVES !

Nous retrouverons plus loin dans la filiation directe les autres personnages de la famille rapportés par LE CARPENTIER.

En voici quelques autres que nos recherches n'ont pu jusqu'ici rattacher à la prédite filiation:

— 1540. — Christophe *de Hoves* (portant : *d'azur, à trois coquilles d'or*), épousa Anne *d'Ongnies*, fille de Jacques, chevalier, seigneur d'Estrées, et d'Anne *de Prant de Blaesvelt* (1).

— 1680. — Jean-Chrétien *de Hoves*, écuyer, conseiller du Roi, lieutenant de la maréchaussée générale de Flandre et de Hainaut, procureur du Roi, syndic de la ville et des Etats de Cambrai et Cambrésis (2), épousa Marie-Anne *de Haynin*, fille de Jacques, écuyer, et d'Anne *le Caron* (3). Il portait : *d'azur, à trois coquilles d'or; et son épouse : d'or, à la croix engrêlée de gueules ; l'écu brisé au premier canton d'un croissant du second.*

— 1693. — Marie-Antoinette *de Hoves*, mariée au sieur *Labor*, morte à Tournai, paroisse de Saint-Jacques, le 8 février 1693 (4).

— 1747. — Jean *Dubois de Hoves* fut nommé enseigne, le 9 mars 1747; enseigne de grenadiers, le

---

(1) DE VEGIANO. *Nobiliaire des Pays-Bas.* Edition du baron L. DE HERCKENRODE. Gand, 1865, p. 1470 — Nous croyons ce CHRISTOPHE, fils de *Sohier* III et de Marie *de Thiennes.* Voir *degré* VI.

(2) CH. D'HOZIER, *Armorial de Flandre, du Hainaut et du Cambrésis,* publié par M. BOREL D'HAUTERIVE, p. 91, nº 24.

(3) F. V. GOETHALS. *Miroir des Notabilités nobiliaires du Nord de la France et du Midi de la Belgique.* Bruxelles, 1857, T. 1, p. 60.

(4) Nous croyons cette MARIE-ANTOINETTE, fille d'*André* et de Rose *de Vermeille*, et JEAN-CHRÉTIEN qui la précède, fils d'*Antoine* et de Jeanne *Galbart.* Voir ci-après : BRANCHE CADETTE, *degrés* IX et X.

3

18 juillet 1752; sous-lieutenant, le 8 octobre 1754; sous-lieutenant de grenadiers, le 28 mai 1762; fit la campagne de Portugal; devint lieutenant, le 7 décembre de cette même année 1762; lieutenant de grenadiers, le 12 mars 1773; prit part à la descente d'Alger; devint capitaine de grenadiers, le 1er mai 1788. Il se retira du service, le 15 mai 1794, étant maréchal de camp agrégé (1).

FILIATION DIRECTE.

(1300 à 1876)

I. ZEGER, ZÈGRE, SIGER ou SOHIER I *du Bois*, dit *de Hoves*, chevalier, seigneur de Hoves, du Graty, etc., épousa Béatrix *de Barbançon*, qui portait : *d'argent, à trois lionceaux de gueules*, et qui était fille de Jean *de Barbançon*, chevalier, seigneur du dit lieu, pair de Hainaut, etc., et d'Eustachie *d'Argies*. De ce mariage :

1° HUGUES, qui suit, II.

2° GODEFROID ou GEOFFROY, qui combattit du côté des Bretons dans le célèbre *Combat des Trente* (1350); voir ci-après ANNEXE 19.

3° MARGUERITE, mariée à Gilles *de Gottignies*, chevalier, qui portait : *d'argent, à trois maillets de sable, penchés vers la droite de l'écu* (2).

4° GERTRUDE, chanoinesse de Ste-Waudru à Mons, en 1360 (3), 1382 (4).

5° MARIE, chanoinesse à Ste-Waudru, comme sa sœur (5).

---

(1) GUILLAUME (le colonel). *Histoire des Gardes walonnes*, p. 320.
(2) DE VEGIANO. *Nobiliaire des Pays-Bas*, édit. citée, p. 841.
(3) DE SAINT-GÉNOIS DE GRANDBREUCQ (le Cte F.-J.), *Monuments anciens*, T. 1, p. 1054 *(mliiii)*.
(4) *Bulletins des séances du Cercle archéologique de Mons*, 2e série. Mons, 1869, p. 444.
(5) *Bulletin du Cercle archéologique de Mons*, 2e série, p. 444, 460.

II. Hugues *du Bois*, dit *de Hoves*, chevalier, seigneur de Hoves, du Graty, etc., vivant en 1376, épousa Guillemette *de Poitiers*, dite *de Lihange*, qui portait : *d'argent, à quatre trangles d'azur; à la bande de gueules brochant sur le tout.* De ce mariage :

1° Jean I, qui suit, III.

2° Alix, religieuse.

III. Jean I *du Bois*, dit *de Hoves*, chevalier, seigneur de Hoves, du Graty, etc., épousa *N. du Bois*, dite *de Hoves*, fille de *N.*, et de *N. d'Espinoy*, dont :

1° Jean II, qui suit, IV.

2° Catherine, chanoinesse de Ste-Waudru, en 1439 (1).

3° Béatrice ou Biétru, épousa N...... (2).

4° Jeanne, mariée à Gérard *du Rœulx*, dit *d'Escaussines*, chevalier, fils d'Eustache *du Rœulx*, chevalier, et de Jeanne *d'Esne*. Il portait : *d'or, à trois lionceaux de gueules, armés et lampassés d'azur; à la bordure de gueules autour de l'écu.* Cette maison *du Rœulx*, de même que les sires *de Trazegnies* du XIVe siècle, était issue d'Arnould *de Flandre-Hainaut*, frère du comte de Hainaut, Bauduin III; Arnould ayant épousé Béatrix, fille aînée et principale héritière de Wauthier, sire *du Rœulx*, adopta le nom et les armoiries de son épouse.

IV. Jean II *du Bois*, dit *de Hoves*, chevalier, seigneur de Hoves, du Graty, de Ruesnes, etc., épousa Jeanne *du Rœulx*, dite *d'Escaussines*, sœur de Gérard que nous venons de voir. Cette alliance rattache la famille *du Bois de Hoves* et tous ses descendants des deux sexes, tant en ligne masculine qu'en ligne féminine, à la postérité de Charlemagne.

Jean II eut pour enfants :

1° Sohier II, qui suit, V.

---

(1) De St-Génois de Grandbreucq (le Cte F.-J.) *Mon. anc.* T. 1, p. 1059 *(mlix)*.
(1) De Saint-Génois de Grandbreucq (le Cte F.-J.), *Monuments anciens.* T. 1. Pairie d'Enghien. p. XXXII, colonne I. « *Les hoirs de* Biétru du Bos, *fille de* Sohier, tenaient d'elle des fiefs à *Oedevinghe.* »

2° Gérard, chevalier, seigneur de Borneval à Marque (1).

3° Oste ou Otto, chevalier, seigneur du Brœcq, de le Huite, etc. (2).

4° Barbe, dame de Ruesnes, décédée en 1516, se maria deux fois. Son premier époux fut Jean d'Esne, surnommé le Baudrain, chevalier, mort le 21 janvier 1492, fils de Jean-Robert d'Esne, chevalier, et de N. de Valincourt. Jean d'Esne, qui portait *de sable, à dix losanges d'argent, posées 3, 3, 3 et 1*, était seigneur de Beauvoir, Lescaille, Sainte-Aldegonde, Béthencourt et Séranvillers. Le second époux de Barbe *du Bois de Hoves* fut Adam *de Rasse*, chevalier, seigneur de la Hargerie (à Bersée-en-Pévèle), qui portait : *d'or, à trois chevrons de sable*, et vivait encore en 1515.

Voici ce que nous a communiqué M. le chevalier Amédée LE BOUCQ DE TERNAS, littérateur et généalogiste douaisien :

Extrait des épitaphiers de la Bibliothèque de Douai, p 306.
Eglises de Cambrai.

« En l'abbaye du S. Sepulchre hors du cœur *(sic)* a costé sénestre en » une tombe élevée où sont couchez un homme armé vestu de cotte d'arme » sa femme lez luy le tout est estoffé d'or et de couleurs. »

« Cy gist noble homme Jehan d'Esne dit le Baudrain chev^r sg^r de Beau-» voir Béthencourt etc., lequel trespassa lan mil iiij^ciiij^{xx}xij le XXIe de » janvier

» Et madame Barbe du boes dit de hoves sa femme dame de ruene » laquelle trespassa lan mil.......... »

A cette inscription se trouvaient joints un écusson en losange *parti* D'ESNE et DU BOIS DE HOVES, et ces quartiers :

D'ESNE, WALINCOURT, NOEUFVILLE, FIENNES, FONTAINES, DU BOIS DE HOVES, CLÉRY, TRAZEGNIES.

V. SOHIER II *du Bois*, dit *de Hoves*, chevalier, seigneur de Hoves, du Graty, d'Horrues, de Borneval, etc., épousa Jeanne *de Sailly*, qui portait : *d'argent, au lion de gueules, armé et couronné d'or, lampassé d'azur*; elle était fille de Henri *de Sailly*, chevalier, seigneur de Sailly en Artois, et de Marguerite *de Longueval*. Ces deux époux furent inhumés à Hoves.

(1) DE SAINT-GÉNOIS. *Mon. anciens.* T. 1, p. XXV.
(2) DE SAINT-GÉNOIS. *Mon. anciens.* T. 1, p. XXV et XXVI.

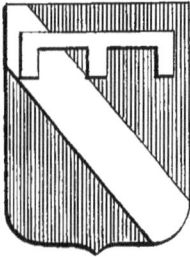

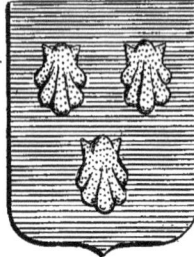

| DAVRE | BRABANT | HOVES. | ESCAUSSINES. |

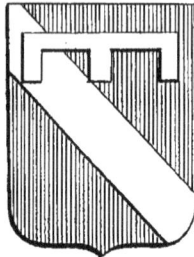
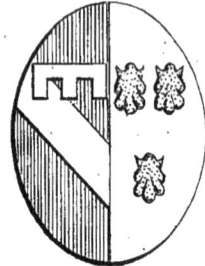

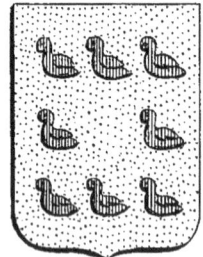

| HULDEBERGHE | BONLEZ | SAILLY | ARGIES |

Cy gist noble Ecuyer Anthoine de Davre, Sʳ de Merlemont,
Roseignies, du Bois-Sᵗ-Isaac et d'Ophain, qui trespassa l'an
1517 le 25 d'avril. pries pour S.A.

Cy gist noble Damoiselle Jeanne de Hoves Espeuse du dict Anthoi
-ne qui trespaſſa l'an 1531, le 17 de Febvrier.

Lithog. de Vasseur frères à Tournai

Voici leur épitaphe :

Chy gist Zegre DU BOIS, cheualier sʳ de Houes et du Gratier et d'Odru qui trespassa lan.......

Cy gist Jeanne DE SAILLY dame de Houes qui trespassa lan 1478 le jour Sᵗᵉ-Catherine priez pour leurs âmes (1).

On lit dans les *Monuments anciens* du comte DE SAINT-GÉNOIS, t. I, p. XXV, ce qui suit :

« *Borneval* à Marque fief appartenant à Zègre *de Hoves* à cause du trépas de son frère Gérard. »

« *Brœcq* (fief du) appartenant à Oste *du Bos de Hoves.* »

« *Le court de Fardes* (le fief de) appartenant à Sohier *du Bois de Hoves,* chevalier. »

« *Le Gratich* id. id. id. »
« *Hoves*   id. id. id. »
« *Le Huite* à Oste *du Bos de Hoves.* »

A la page XXVI, on voit :

« Fiefs à Bassilly, à Oste *du Bos de Hoves.* »

Page XXVII, col. 1 :

« Fief à Humbercque, à Zègre *de Hoves.* »

A la colonne 2 :

« Fief à Neechout, id. id. »

Page XXXI, col. 1 :

« SOHIER, seigneur *de Hoves.* »

Id. col. 2 :

« *Noeckinghe,* lez Courtebecque, à SOHIER *du Bos,* chevalier *de Hoves.* »

SOHIER II eut pour héritiers :

1° SOHIER III, qui suit, VI.

2° JACQUELINE, mariée à Antoine *de Lannoy,* chevalier, seigneur de la Motterie, qui portait : *d'argent, à trois lionceaux de sinople, couronnés d'or, armés et lampassés de gueules* ; il était fils d'Antoine *de Lannoy,* chevalier, et de Philippotte *Abbonnel.*

(1) DE SAINT-GÉNOIS DE GRANDBREUCQ (le Cᵗᵉ F.-J.). *Monuments anciens.* T. 1, p. 143 *(cxliii).*

4

3º JEANNE mariée à Antoine *de Dave*, ou *de Davre*, écuyer, seigneur de Merlemont, Bois-Seigneur-Isaac, etc., qui portait : *de gueules, à la bande d'argent; l'écu brisé en chef d'un lambel à trois pendants d'azur;* il était fils de Warnier *de Dave*, seigneur de Merlemont, etc., chevalier, et de Christiane *de Huldenberghe*, dame de Bois-Seigneur-Isaac (1). Ces deux époux furent inhumés à Bois-Seigneur-Isaac; voici leur épitaphe :

DAVRE	BRABANT	HOVES	ESCAUSSINES
	DAVRE	DAVRE et	
		HOVES unis dans un écusson ovale.	
HULDEBERGHE	BONLEZ	SAILLY	ARGIES

Cy gist noble Ecuyer Anthoine de Davre, s^r de Merlemont, Roseignies, du Bois-Sg^r-Isaac et d'Ophain, qui trespassa l'an 1517, le 23 d'avril. Priez pour SA.

Cy gist noble Damoiselle Jeanne de Hoves Espeuse du dict Anthoine qui trespassa l'an 1531, le 17 de Febvrier (2).

Voir ci-contre planche II.

De cette alliance vinrent les *de Dave*, qui s'allièrent aux *de Rumaucourt*, aux *Carondelet*, aux *de la Douve* et aux *de Sainte-Aldegonde-Noircarmes*.

VI. SOHIER III *du Bois*, dit *de Hoves*, chevalier, seigneur de Hoves, du Graty, de Borneval, etc., mort le 26 avril 1536, est nommé JEAN par DE LA CHENAYE-DESBOIS qui, dans son *Dictionnaire généalogique de la Noblesse*, au nom BOIS DE HOVES (DU), le fait écuyer de l'empereur Charles V et bailli de Dôle, qualités qui n'ont appartenu qu'à son gendre, Jean *d'Andelot*, que nous verrons ci-après (3). SOHIER hérita du fief de Ruesnes après le décès de Mme *de la*

(1) TARLIER et WAUTERS. *Histoire des Communes belges. Canton de Nivelles, communes rurales,* p. 54, col. 2. — DE HERCKENRODE (le Bon Léon). *Collection de tombes, épitaphes et blasons, etc., de la Hesbaye.* Gand, 1845. Page 215.

(2) DE SAINT-GÉNOIS DE GRANDBREUCQ (le Cte F.-J.). *Mémoires généalogiques.* Amsterdam, 1780. T. 1, planche LI, se rapportant à la page 259, mais souvent placée après la page 396.

(3) DE LA CHENAYE-DESBOIS et BADIER. *Dictionnaire de la Noblesse.* T. III, col. 404. DE LA CHENAYE-DESBOIS n'a fait que copier la notice donnée sur les DU BOIS DE HOVES par Louis-Pierre D'HOZIER et D'HOZIER DE SÉRIGNY. *Armorial général de France,* cinquième registre, pages 139 et suivantes.

Hoves

Sailly

Thiennes

Longpré

Descaussines

Longueval

Delft

Claerhout

DuBos

Argies

Waurain

Loodick

Espinoy

Forceville

Piennes

Malmins

Cy giſſent Noble homme Meſſire Zegre du Bois Cheualier en ſon
tamps Sr. de Houes & de Ruenes &c. qui treſpaſſa lan 1536 le 26
d'Apuril & Madae Marie de Thiennes ſa femme laquelle treſpaſſa
lan 1540 le 28 de May. Priez Dieu pour leurs ames.

Hargerie. Il avait épousé par contrat du 18 juin 1491, Marie *de Thiennes*, dite *de Lombise*, morte le 28 mai 1540, laquelle portait : *d'or, à la bordure d'azur; à un écusson d'argent, bordé d'azur, chargé d'un lion de gueules, posé en abîme.* Elle était fille de Robert *de Thiennes*, chevalier, vicomte et châtelain de Bailleul, baron de Brouck, seigneur de Castre, etc., et de Marie *van Langhemeersch*, ou *de Longpré;* elle avait pour ses huit quartiers de noblesse :

DE THIENNES, *de Neelle-Offemont*, VAN DELFT, *de Piennes;* VAN LANGHEMEERSCH, *van Calckene*, VAN CLAERHOUT, *de la Douve.*

Voici l'épitaphe de Sohier III et de son épouse, telle qu'on la voyait autrefois dans l'église de Hoves :

ÉCUSSON		ÉCUSSON	
de la famille		parti	
DU BOIS DE HOVES		DU BOIS DE HOVES	
avec casque couronné		et	
et cimier.		DE THIENNES.	
HOVES	SAILLY	THIENNES	LONGPRÉ
DESCAUSSINES	LONGUEVAL	DELFT	CLAERHOUT
DU BOS	ARGIES	WAVRAIN	LOODICK
ESPINOY	FORCEVILLE	PIENNES	MASMINES

Cy gissent Noble homme Messire Zegre du Bois cheualier en son temps sʳ de Houes et de Ruenes etc., qui trespassa lan 1536 le 26 dApuril et Madaᵉ Marie de Thiennes sa femme laquelle trespassa lan 1540 le 28 mai. Priez Dieu pour leurs âmes (1).

Voir ci-contre planche III.

Voici quels furent les enfants de SOHIER III et de Marie *de Thiennes :*

1° PHILIPPE, écuyer, qui mourut sans alliance; il fut inhumé à Hoves. Voici son épitaphe :

(1) DE SAINT-GÉNOIS DE GRANDBREUCQ (le Cᵗᵉ F.-J.). *Monuments anciens.* T. 1, *première partie*, p. 143 *(cxliii).*

Cy gist Noble Escr. Philippe du Bois,
fils de Zegre, s' de Hoves, et de Marie
de Thiennes son espeuse qui tresp. le
11° jour de Feburier l'an 1530.
Priez Dieu pour son âme (1).

2° ROBERT, écuyer, mentionné dans le contrat du mariage de Marie *d'Auxy* avec Jean d'Yve, écuyer, bailli de Lessines, contrat daté du 12 septembre 1545 (2). Il y est qualifié seigneur de Hoves et du Graty ; comme il mourut sans alliance, ce fut sa sœur *Philippotte* qui recueillit son héritage.

3° SOHIER IV, qui suit, VII.

4° PHILIPPOTTE, dame de Hoves, après son frère aîné, épousa Jean *d'Andelot*, chevalier, baron de Jonvelle, seigneur de Myon, Fleurey, Chemilly, etc., commandeur d'Alcantara, premier écuyer de l'empereur Charles V et bailli de Dôle, lequel portait : *échiqueté d'argent et d'azur de cinq traits de cinq points chacun, au lion de gueules, armé, lampassé et couronné d'or, brochant sur tous les points de l'échiquier*. Il était fils de Simon *d'Andelot* et d'Henriette *de Cornon*. La postérité de ces deux époux. en ligne directe masculine et légitime, s'est perpétuée jusqu'à nos jours ; son dernier représentant a été Léon-Louis-Maximilien, comte *d'Andelot*, officier de l'Ordre de Léopold. Le comte Léon *d'Andelot* ayant perdu sa fille unique, épouse du comte Roger *de Beauffort*, morte à Bruxelles, âgée de 25 ans, le 17 février 1860, a désigné pour héritier universel, RAIMOND, comte *du Chastel de la Howardries*, aujourd'hui sous-lieutenant au 4° régiment de lanciers belges, fils du comte HENRI et d'Octavie *Wartelle d'Herlincourt*.

5° BARBE mariée en premières noces avec Josse *Mallet*, ou *Malet*, chevalier, seigneur de Berlettes, Coupigny, etc., veuf d'Eléonore *de Thiennes*. Il était fils d'Antoine *Mallet* et d'Agnès *de Coyghem*, dite *de Hem;* il portait : *d'azur, à un écusson d'or en abîme, accompagné d'une étoile d'argent à six rais, posée au premier canton dextre.* Etant devenue veuve, Barbe se remaria avec Daniel *de Coyghem*, écuyer, seigneur de Blockhuis (Ne serait-ce pas le *Blocus* à Nomain-en-Pévèle?), fils de Gilles, écuyer, et de Catherine *Picavet;* il portait : *d'argent, à quatre chevrons de gueules.*

Du premier lit :

> A. Jacqueline *Mallet*, ou *Malet*, dame de Berlettes, Coupigny, etc., mariée à Claude *d'Ongnies*, chevalier, seigneur d'Estrées, etc., qui portait : *de sinople, à la fasce d'hermines.*

---

(1) DE SAINT-GÉNOIS. *Monum. anciens*. T. 1, 1ʳᵉ partie, p. 143.
(2) F.-V. GOETHALS. *Miroir des Notabilités nobiliaires, etc.* T. 1, p. 416.

Du second lit :

B. Claudine *de Coyghem*, mariée à Guillaume *le Brun*.

6° ANNE mariée, par contrat du 6 février 1556, avec Allard *de Thiennes*, chevalier, seigneur de Broyfort, puis après de Lombise, de Beaurepaire et autres lieux, fils de Jean et d'Isabeau *de l'Escuyer*, sa seconde femme ; il portait comme Marie *de Thiennes*, que nous avons vue ci-devant, page 15.

VII. SOHIER IV *du Bois*, dit *de Hoves*, écuyer, seigneur du Bucq, de la Motte, d'Hérignies, de Beaumont, d'Attiches en partie, etc., licencié ès lois, conseiller et assesseur au siége de la gouvernance de Lille, se maria trois fois :

1° Par contrat du 12 janvier 1551, avec Marie *d'Hérignies*, héritière dudit lieu, Beaumont, Attiches en partie, fille d'Antoine, chevalier, et de Gérardine *de Gavre*, sa veuve et alors femme de Robert *de Ghistelles*, seigneur de Dudzeele, Straete, etc. (1)

HÉRIGNIES portait : *écartelé aux 1 et 4 : d'azur à deux bars adossés d'argent ; aux 2 et 3 : d'or, à la fasce de gueules.* Cimier : *tête et col d'un cerf dix cors au naturel, entre un vol d'azur.*

Une famille D'ORIGNY ou DORIGNY habituée à Saint-Quentin (Vermandois) portait : *d'azur, à deux bars adossés d'or.*

2° Avec Antoinette *de Bauffremez*, veuve de Charles *Morel de Tangry*, écuyer, seigneur d'Amville, et fille de Jean *de Bauffremez*, écuyer, seigneur d'Herlies, et d'Antoinètte *Thieulaine*.

DE BAUFFREMEZ : *d'azur, à l'écusson d'argent, posé*

---

(1) *Recueil généalogique de familles originaires des Pays-Bas ou y établies.* Rotterdam, 1775. Page 169. — D'HOZIER. *Armorial général de France.* Paris, Didot, 1867. *Cinquième registre,* p. 141.

*en abîme et accompagné de trois merlettes d'or,
rangées.*

3° Avec Jeanne *de Bacquehem,* fille d'Adrien, co-
seigneur d'Haucourt, écuyer.

DE BACQUEHEM : *d'or, fretté de gueules,* qui est DE
NEUVILLE, au franc quartier : *de sinople, à la fasce
d'argent, chargée de trois merlettes de sable,* qui est
DE BOUBAIS.

Selon M. F.-V. Goethals, Bauduin *du Bois,* dit
de Hoves, principal héritier de Sohier IV, eut pour
mère Jeanne *de Bacquehem* (1); nous ne saurions
partager cette opinion, car elle est complétement
réfutée par les quartiers qui entourent l'épitaphe de
Robert-Augustin *du Bois,* dit *de Hoves,* grand prévôt
de Tournai. Voir ci-après *planche IV.*

Voici les enfants de Sohier IV dont les noms sont
parvenus jusqu'à nous :

Du 1er lit :

1° JEAN, écuyer, seigneur de la Motte, mort le 9 août 1611.

2° BAUDUIN, qui suit, VIII.

3° HÉLÈNE, mariée à Mathieu *Castelain,* seigneur de Wattignies, du
Becquerel, etc., lequel vivait encore en 1625, et portait : *de gueules, au
triple château d'argent, portillé et crénelé; au chef cousu d'azur, chargé
d'une tête et col de licorne d'argent, la crinière et la corne d'or.* Il était fils de
Guillaume et de Marie *Déliot,* et mourut sans postérité, ayant pour héritière Madeleine *van Appelteren,* sa nièce, fille de Charles et de Jeanne
Castelain. Madeleine *van Appelteren* avait épousé Philippe *van Kessel,* chevalier, seigneur de Milleville, fils de Jean et d'Anne *de la Biche* (2).

_____

(1) F.-V. GOETHALS. *Dictionnaire gén. et héraldique de la Noblesse de
Belgique.* T. 3, p. 673. Gén. de LE CANDELE.

(2) F.-V. GOETHALS. *Miroir des Notabilités nobiliaires.* Bruxelles, 1862.
T. 2, p. 594. — P.-N.-C.-C.-A. DE KESSEL, écuyer. *Livre d'or de la Noblesse
luxembourgeoise,* p. 194. — BOREL D'HAUTERIVE, *Annuaire de la Noblesse de
France.* 1857, p. 175.

Du second lit :

4° JACQUELINE épouse d'Arnould *Thieulaine*, écuyer, seigneur de Fermont, fils d'Otto *Thieulaine*, écuyer, et de Catherine *d'Occoche*, dite *de Manchicourt*. Il était veuf de *N*....., et de Barbe *de Mol*, lorsqu'il épousa JACQUELINE, après la mort de laquelle il se maria pour la quatrième fois avec Barbe *de Steeland* (1). — THIEULAINE portait : *burelé d'argent et d'azur de dix pièces, à la bande de gueules, chargée de trois alérions d'or, brochant sur le tout.*

Du troisième lit :

5° MELCHIOR, écuyer, co-seigneur d'Haucourt, auteur de la branche des seigneurs d'Hermaville, de Duisans et de Fosseux, existante encore en 1876.

VIII. BAUDUIN *du Bois*, dit *de Hoves*, écuyer, seigneur de la Motte après son frère JEAN, du Bucq, d'Hérignies, co-seigneur d'Attiches, etc., mayeur et ruwaert de la ville de Lille, testa le 9 octobre 1628, avec son épouse, et mourut avant le 5 septembre 1639.

Voici l'extrait d'un acte qui le concerne :

« Philippe IV, roi d'Espagne, par une ordonnance du 17 novembre 1631,
» proroge de 6 ans, le don de 4 lots de vin par dimanche qu'il a fait en
» 1625, à Bauduin *du Bois*, dit *de Hoves*, sgr d'Hérignies, connétable sou-
» verain des roi et sous-connétables de la confrérie de Ste-Barbe, canon-
» niers et arquebusiers de Lille, ainsi qu'aux confrères de Ste-Barbe, à
» Lille. » (2).

Dans le manuscrit 142 de la Bibliothèque de Tournai, parmi des pièces concernant la châtellenie de Lille, on trouve au folio 86, une *Liste des gentilshommes demeurant à Lille et en office*, dans laquelle on lit :

Bauduin *du Bois*, dict *de Hoves*.	Le Sr DE HÉRIGNIES, lieutenant second de la dicte gouvernance.

---

(1) Guillaume CRÉTEAU, lieutenant roi d'armes. *Miroir armorial.* Mns. 223 de la Bibliothèque publique de Tournai. T. 2, fol. 27. Gén. de THIEULAINE.

(2) *Archives départementales du Nord*, à Lille. 64e Registre des Chartes, *folio 66, verso.* Communication de M. le chevalier Amédée *le Boucq de Ternas*, de Douai.

Bauduin épousa Barbe *le Candele*, fille de Maximilien, chevalier, seigneur d'Herbamez, Dernouval, etc., bourgeois de Lille, et de Jeanne *de Cambry*, sa troisième femme. Barbe *le Candele* avait pour ses huit quartiers de noblesse :

Le Candele, *Déliot*, de Mol, *le Clercq* ;
de Cambry, *Fournier*, Grenus, *de Nieulles.*

Le Candele porte : *d'or, à trois chaperons de deuil de sable, posés 2 et 1.*

De ce mariage, vinrent :

1° Charles, écuyer, acheta la bourgeoisie de Lille, le 22 septembre 1622, fut ruwaert de cette ville, et épousa Marie *de Pronville*, qui portait : *de sinople, à la croix engrêlée d'argent.* Il mourut sans postérité après avoir testé le 18 octobre 1637. Il déclara dans son testament qu'il voulait être enterré dans la chapelle de Ste-Barbe de l'église St-Maurice de Lille.

2° Maximilien, qui suit, IX.

3° Bauduin, écuyer, seigneur de Bucq et de la Motte. Nous le croyons celui qui épousa Marie-Thérèse *de Cambry*, dame du Bosquel, qui portait : *d'azur, à trois losanges d'or, à la bordure du même, autour de l'écu*, et qui était fille de Philippe *de Cambry*, écuyer, seigneur du Bosquel, et de Catherine *Bernard d'Esquelmes.* Bauduin eut pour héritier son frère Maximilien.

4° N......, écuyer ; son prénom et son alliance nous sont inconnus.

5° Marie épousa Jean *Dragon*, écuyer, seigneur de Mons-en-Bareuil, qui portait : *d'or, à la bande de sable, cotoyée de deux têtes de lion arrachées de gueules ;* il était fils de Jean et de Marie *Déliot*, releva la bourgeoisie de Lille le 19 janvier 1621 et mourut avant 1628.

6° Anne mariée à André *de Maubus*, écuyer, fils d'Etienne, écuyer, et de Floris *le Mieuvre ;* il portait : *d'azur, au lion d'or; au franc-quartier : d'argent, à la bande de quatre losanges appointées de sable*, et acheta la bourgeoisie de Lille, le 24 juillet 1662.

7° Barbe.

8° Madeleine.

Nous croyons que c'est l'un des fils de Bauduin, qui est cité sous le nom de N..... de Hours, à la page 291, du tome 2, de l'ouvrage intitulé : *Histoire géné-*

*rale des guerres de Savoie, de Bohême, du Palatinat
et des Pays-Bas*, par Louis DE HAYNIN, seigneur du
Cornet. Edition donnée en 1868, par M. A.-L.-P.
DE ROBAULX DE SOUMOY, dans la collection des mémoires relatifs à l'histoire de Belgique.

IX. MAXIMILIEN *du Bois*, dit *de Hoves*, écuyer,
seigneur de Drumetz à Attiches, d'Hérignies, puis
du Bucq, de la Motte et autres lieux, après la mort
de ses frères, releva la bourgeoisie de Lille, le 18 janvier 1635. Il se maria deux fois :

1° Avec Marie *Fasse*, fille de Pierre, qui portait :
*écartelé, aux 1 et 4 : d'azur, à la gerbe d'or ; aux 2
et 3 : de sinople, à trois moutons passants d'argent,
2 et 1*.

2° Par contrat passé à Lille, le 31 juillet 1642,
avec Jossine *Sourdeau*, dame du Grand-Manain
(à KAIN, *hameau de la Tombe)*, fille de Jean *Sourdeau*, seigneur de Mouillart et de Tornibus, grand
maire de Saint-Amand, et de Jacqueline *d'Auxy ;*
petite-fille de Nicolas *Sourdeau*, seigneur de Tornibus, échevin de Tournai de 1564 à 1572, et d'Anne
Gombault, fille de Jean *Gombault*, seigneur d'Archimont *(à* VELAINES) et du Grand-Manain, receveur
des domaines à Tournai, échevin de cette ville en
1558, et d'Antoinette *de Thouars* (1).

SOURDEAU porte : *d'azur, au croissant montant
d'argent, accompagné de trois étoiles d'or, à six*

---

(1) H. VANDENBROECK. *La Magistrature tournaisienne.* Liste des magistrats
aux noms *Sourdeau* et *Gombault*, pp. 131 et 141. — DE STEIN D'ALTENSTEIN
(le baron Isidore). *Annuaire de la Noblesse de Belgique.* 1867, p. 114.

rais (1). — Jossine *Sourdeau* avait pour ses huit quartiers de noblesse du côté paternel :

SOURDEAU, *d'Auberchicourt;* DE HOLLAIN, *Bonenfant;* GOMBAULT, *des Farvacques;* DE THOUARS, *de Calonne* (2).

Et pour ses quatre quartiers maternels :

D'AUXY, *van den Berghe;* DE MALANNOY dit PICART, DE GIVRY dit DE VIENNE.

Maximilien et Jossine *Sourdeau* testèrent le 27 septembre 1658.

Du second mariage de MAXIMILIEN naquirent :

1° WALLERAND-François-Joseph, qui suit, X.

2° N......, chartreuse à Gosnay lez-Béthune.

3° CATHERINE, chartreuse et diaconesse au dit Gosnay.

4° MARIE-ISABELLE mariée à Tournai, paroisse de St-Nicolas, le 8 février 1684, avec Jean-Jacques *du Buisson*, écuyer, seigneur de Bauteville, commissaire provincial de l'artillerie en Flandre, lequel portait : *coupé cousu : en chef : d'argent, à un lion naissant de sable, armé et lampassé de gueules et en pointe : d'or, à un arbre de sinople terrassé du même* (3).

5° JEANNE mariée avec Eustache LE MERCHIER, écuyer, seigneur de Mazinghem, qui portait : *de gueules, à trois tours couvertes d'argent.* Cimier : *cinq pennaches de gueules.*

X. WALLERAND-François-Joseph *du Bois*, dit *de Hoves*, écuyer, seigneur d'Hérignies, du Grand-Manain, de Drumetz, du Bucq, du Plouy-lez-Phalempin, co-seigneur d'Attiches, etc., naquit à Lille. Il fut capitaine d'infanterie au service de S. M. Catho-

(1) DE STEIN D'ALTENSTEIN (le baron Isidore). *Annuaire de la Noblesse de Belgique.* 1858, p. 227.

(2) DE CALONNE : *d'hermines; au lion léopardé de gueules, lampassé et armé d'or.*

(3) D'HOZIER. *Armorial de Flandre, du Hainaut et du Cambrésis*, publié par BOREL D'HAUTERIVE. P. 180, n° 280. Marie-Isabelle *de Hoft* (sic). D'HOZIER lui attribue les armoiries de son mari écartelées avec celles des *du Bois de Hoves.*

lique, puis député du corps de la noblesse des Etats des châtellenies de Lille, Douai et Orchies. Il se fit recevoir bourgeois d'Arras, moyennant 40 livres de finances, le 16 novembre 1672, et épousa, dans la dite ville, le 20 du même mois, Isabelle-Thérèse *du Grospré de Gorguehel* (veuve de François *de Crusle,* écuyer, seigneur de Sorval), fille d'Antoine *du Grospré,* écuyer, seigneur de Gorguehel, Lestocquoy, etc., et de Marie Madeleine *van Oye de Rougefay;* elle portait : *d'hermines, à la croix ancrée de gueules,* et avait pour ses seize quartiers de noblesse :

Du côté paternel :

1° DU GROSPRÉ; 2° *Beauffort* (d'azur, à trois jumelles d'or); 3° THIEULAINE; 4° *Blocquel* (d'argent, au chevron de gueules, accompagné de trois merlettes de sable); 5° BERTOULT; 6° *Caulier* (d'azur, à trois étrilles d'argent, emmanchées d'or); 7° LA SALLE; 8° *Turpin* (d'azur, à la croix engrêlée d'or).

Du côté maternel :

9° VAN OYE; 11° *Schacht* (de gueules, au chevron d'or, accompagné de trois croisettes d'argent); 11° AUFFAY; 12° *Geneviers* (d'or, au chevron d'azur, accompagné de trois hures de sanglier de sable); 13° LANDAS; 14° *Raulin* (d'or, au chef d'azur, chargé d'une levrette courante d'argent, colletée d'un collier de gueules, cloué, bordé et bouclé d'or); 15° AOUST; 16° *le Merchier* (de gueules, à trois tours couvertes d'argent).

Voici ce qu'on lit au sujet de ces deux époux dans l'*Armorial de Flandre, du Hainaut et du Cambrésis,* dressé par D'HOZIER et publié par M. BOREL D'HAUTERIVE :

Page 50 :

N° 242 bis. Walleran François DU BOIS, dit de Hoüers, écuyer, seigneur de Herlengnies, et Isable-Thérèse DU GROS-PREZ, son espouze : d'azur, à trois coquilles d'or, deux et une; *accole :* d'hermines, à une croix ancrée de gueules.

Du mariage de WALLERAND vinrent les enfants qui suivent :

1° PHILIPPE-Marie, qui suit, XI.

2° ROBERT-Augustin, écuyer, seigneur du Grand-Manain, né à Attiches (canton de Pont-à-Marcq, arrondissement de Lille), de 1680 à 1683, fut d'abord capitaine au régiment de Los RIOS, au service de S. M. I. et R. Apostolique, Charles VI, empereur d'Allemagne et souverain des Pays-Bas, puis devint mayeur des échevinages de Tournai, grand prévôt de cette ville de 1731 à 1749, et enfin grand mayeur le 21 juin 1749 (1).

Il épousa Jeanne-Marie-Antoinette *de Greve*, née à Bruxelles, vers 1684, décédée à la Tombe (Kain), le 17 octobre 1759 et enterrée dans le chœur de l'église de Kain; elle était fille de Jacques-François *de Greve*, écuyer, et de Marie-Antoinette *Verjuijs*.

ROBERT-AUGUSTIN n'eut pas de postérité et mourut à Tournai, paroisse de St-Brice, le 7 octobre 1774, à l'âge de 91 ans, selon son acte de décès, en marge duquel on lit que ses parents durent être forcés par autorité de justice de faire célébrer ses funérailles avec les cérémonies usitées pour les grands prévôts. Il fut enterré dans le chœur de l'église de Kain, le 10 octobre 1774. Voici son épitaphe qu'on rencontre dans cette église, contre le mur à droite, en entrant :

ARMOIRIES de la maison
DU BOIS, dite DE HOVES;
l'écu surmonté d'un casque couronné,
orné de ses lambrequins et ayant pour
cimier une dague enfoncée dans la couronne du casque entre deux ailes de
moulin (2). *Supports* : deux lions contournés et couronnés, portant des bannières; celle, à dextre, aux armes de
l'écu; celle, à sénestre, aux armes DE
BARBANÇON. Les noms DU BOIS DE HOVES
et BARBANÇON se trouvent sous chaque
bannière.

HOVES — DU GROSPRÉ

D.   O.   M.
ET   A   LA

THIENNES — MÉMOIRE DE NOBLE HOMME — THIEULAINE
Robert Augustin DUBOIS dit DEHOVES
Ecuier Seigneur du Grand Manain, etcª fils de
HÉRINGNIES — fcus WALLERAND FRANÇOIS JOSEPH Ecuier — BERTOUL

(1) HOVERLANT DE BAUWELAERE. *Essai chronologique*, etc. T. 91, p. 119.
(2) Nous avons pris jadis pour un *P* gothique, la dague du cimier. — *Annales du Cercle archéologique de Mons.* T. XI, p. 319.

HOVES · BARBENCON

HOVES · THIENNES · HERINGNIES · LE CANDELLE · SOURDEAU · GOMBAULT · HOLLAIN · AUBERCHICOURT

DU GROSPRÉ · THIEULAYNE · BERTOUL · LA SALLE · DOYE · DAUFFAY · LANDAS · DAOUST

D. O. M.

ET A LA

MEMOIRE DE NOBLE HOMME
ROBERT AUGUSTIN DUBOIS DIT DE HOVES
ECUIER SEIGNEUR DU GRAND MANIN &ᶜ FILS DE FEUS
WALLERAND FRANCOIS JOSEPH ECUIER SEIGNEUR
DU DIT MANAIN, D'HERINGNIES, DRUMEZ DUBUCQ,
ATTICHIES, PLOUY LEZ PHALEMPIN &ᶜ CAPITAINE
D'INFANTERIE AU SERVICE DE SA
MAJESTÉ CATHOLIQUE CHARLES SECOND, PUIS
DÉPUTÉ DU CORPS DE LA NOBLESSE DES ETATS
DES CHATELLENIES DE LILLE, DOUAY ET
ORCHIES, ET DE DAME JSABELLE THERESSE
DU GROSPRÉ LEDIT ROBERT AUGUSTIN
DU BOIS DIT DE HOVES LEUR DIT FILS AUSSI EN SON
TEMPS CAPITAINE DANS LE REGIMENT DE LOS RIOS
INFANTERIE POUR LE SERVICE DE SA MAIESTE
IMPERRIALLE ET CATHOLIQUE, CHARLES
VI ET PUIS PLUSIEURS FOIS MAYEUR DES
ESCHEVINAGES ET GRAND PREVÔST DE LA VILLE
ET CITÉ DE TOURNAY, DECEDÉ LE 7 Dᵇʳᵉ
1774 AGE DE 93 ANS ET TROIS MOIS
INHUMÉ DANS LE COEUR DE CETTE EGLISE DE
KAIN AUPRES DE DAME JEANNE MARIE ANTOINETTE
DE GREVES SA CHERE EPOUSE, FILLE DE FEUS
JACQUES FRANÇOIS ECUIER ET DE DAME MARIE
ANTOINETTE VERJUYS, DECEDÉE LE 18 ᵇʳᵉ 1759 AGÉE DE 75 ANS
PRIÉ LECTEURS QUILS RESPOSENT EN PAIX AINSI SOIT-IL.

	Seigneur dudit Manain, d'Héringnies,	
	Drumet, Dubucq, Attiches,	
	Plouy lez Phalempin, etcᵃ capitaine	
LE CANDELLE	d'infanterie au service de Sa	LA SALLE
	MAIESTÉ CATHOLIQUE CHARLES SECOND, puis	
	député du corps de la Noblesse des Etats	
	des Châtellenies de Lille, Douai et	
SOURDEAU	Orchies, et de Dame JSABELLE THÉRESSE	DOYE
	DU GROSPRÉ. Ledit ROBERT-AUGUSTIN	
	DU BOIS, dit DE HOVES, leur dit fils, aussi	
GOMBAULT	en son tems, Capitaine dans le régiment de	DAUFFAY
	los Rios infanterie pour le service de SA	
	MAIESTÉ IMPÉRIALLE ÈT CATHOLIQUE CHARLES	
	VI et puis plusieurs fois mayeur des	
HOLLAIN	eschevinages et grand Prévost de la ville	LANDAS
	et cité de Tournay. Décédé le 7 d'8ᵇʳᵉ	
	1774, agé de 93 ans et 3 mois	
	inhumé dans le cœur de cette église de Kain,	
AUBERCHICOURT	auprès de Dame Jeanne Marie Antoinette	DAOUST
	DE GREVES, sa chère épouse, fille de feus	
	JACQUES FRANÇOIS, Ecuier, et de Dame MARIE	
	ANTOINETTE VERJUYS, décédée le J8 8ᵇʳᵉ J759,	
	âgée de 75 ans.	
	Prié lecteurs qu'ils reposent en paix. Ainsi soit-il.	

Nous devons faire observer que les seize écussons qui entourent cette inscription ne sont pas les seize quartiers exacts du défunt, car ceux-ci étaient :

DU BOIS DE HOVES, D'HÉRIGNIES, LE CANDELE, *de Cambry;*
SOURDEAU, DE HOLLAIN, GOMBAULT, *de Thouars* (1).
DU GROSPRÉ, THIEULAINE, BERTOULT, DE LA SALLE ;
VAN OYE, D'AUFFAY, DE LANDAS, D'AOUST.

Tandis qu'autour de l'inscription, on a mis, à droite, les alliances directes des maisons *du Bois de Hoves* et *Sourdeau*, savoir :

Pour *Hoves* : THIENNES, HÉRINGNIES, LE CANDELLE, et pour *Sourdeau* : GOMBAULT *(d'argent, au chevron de gueules, accompagné de trois hures de*

---

(1) DE THOUARS : *de gueules, semé de trèfles d'or, au léopard du même, armé et lampassé d'azur, brochant sur le tout.*

7

sanglier de sable), HOLLAIN *(d'argent, au chevron de sable, chargé de trois losanges d'or, dont une sur la pointe, et accompagné de trois tourteaux de sable, chargés chacun d'une étoile d'or, à six rais)*, AUBERCHICOURT *(de sinople, au chef d'hermines)*. (1).

A gauche sont sculptés huit quartiers maternels très-exacts, tels que nous les avons déjà cités brièvement, savoir :

DU GROSPRÉ, THIEULAINE, BERTOULT *(de gueules, à la fasce, accompagnée en chef de trois coquilles rangées et en pointe d'un lion léopardé, le tout d'or.)*, LA SALLE *(de gueules, à trois bandes d'argent.)*, D'OYE *(d'azur, au chef d'argent, chargé d'un buste de more de sable, tortillé d'argent, soutenu par deux lionceaux naissants et affrontés de gueules.)*, AUFFAY *(d'argent, à deux pots à deux anses de sable, posés l'un au second quartier, l'autre en pointe ; au franc-canton : de gueules, au lion d'or, le champ semé de billettes d'argent.)*, LANDAS *(émanché en pal de gueules et d'argent de dix pièces)* — Le sculpteur a interverti les émaux, il faut : *émanché en pal, d'argent et de gueules de dix pièces.)*. AOUST *(de sable, à trois gerbes d'or, liées de gueules)*. Voir planche IV.

On lit dans l'*Essai chronologique pour servir à l'histoire de Tournay*, par HOVERLANT DE BAUWE-LAERE, tome CI, première partie, p. 76, ce qui suit concernant le fief du Grand-Manain :

« *Fief et seigneurie du* grand manain, *de dix-sept bonniers.* »

« Le fief, terre et seigneurie du *grand manain*, contenant dix-sept bon-
» niers environ, appendances et dépendances, est situé à la tombe, proche
» l'abbaye du saulchoir, hors la porte du château, y compris, maison de
» plaisance, jardins, vergers et terres labourables. »

« Il fut relevé le 25 mars 1769 pardevant Monsieur le grand prévôt, de
» Cazier, par Monsieur Robert-Augustin Dubois, dit Dehoves, écuyer,
» seigneur du grand manain, ancien grand prévôt de Tournay, lequel a
» créé une rente hypothéquée sur sondit fief du manain, au capital de trois
» mille florins, à quatre pour cent, au profit de Monsieur Michel-Gabriël
» Hoverlant, écuyer, seigneur Du Carnois, lors échevin de Tournay, qui
» avait fourni ce capital audit sieur Dubois Dehoves. »

---

(1) Le sculpteur a omis *la bordure de gueules* autour de l'écusson des D'AUBERCHICOURT, bordure qui différenciait leurs armoiries de celles des CHATELAINS DE DOUAI, leurs aînés.

« Le 30 mai 1769, pardevant ledit grand prévôt De Cazier, comparut
» dame Jeanne-Marie-Antoinette De Greve, épouse à ce autorisée de Mon-
» sieur Robert-Augustin Dubois Dehoves, écuyer, seigneur du grand
» manain, aussi comparaissant, et qui parmi une somme à eux comptée de
» six mille florins, renoncent à toutes prétentions sur ledit fief et seigneurie
» du grand manain, et ce, au profit du sieur Philippe Dubois Dehoves,
» écuyer, seigneur d'Hercignies, et pour ses héritiers. »

« Ledit D'Hercignies, en fit relief pardevant ledit grand prévôt De Cazier,
» le sept novembre 1774, par suite du décès de son oncle, Messire Robert-
» Augustin Dubois Dehoves, ancien grand prévôt de Tournay, par son
» procureur, Maître Philippe-Ignace Henry. »

Dans tout ceci, ce qui nous paraît une grosse faute, c'est la répétition de
la date évidemment fausse de 1769, car Jeanne Marie-Antoinette *de Greve*
était morte plus de dix ans avant la date à laquelle Hoverlant la fait com-
paraître pardevant notaire. La vraie date doit se chercher entre 1749 et
1758; c'est en 1749 que Philippe-Albert *Cazier*, écuyer, seigneur de la
Fontaine, fut nommé grand prévôt Quant à Philippe *du Bois de Hoves*, il
n'hérita jamais de son oncle Robert-Augustin, car il mourut en 1753.

3° Claude, chevalier, sous-lieutenant au régiment des gardes-wallonnes,
le 26 septembre 1719; fit l'expédition d'Afrique; devint lieutenant, le 20
septembre 1725; assista au siége de Gibraltar et à la conquête d'Oran; fit la
campagne d'Italie, et mourut à Pise (Toscane), en 1735 (1). Il était connu
sous le nom de *chevalier de Hoves d'Hérignies.*

4° Marie Josèphe mariée à Germain-François *Petitpas*, chevalier, seigneur de Carnin, qui releva la bourgeoisie de Lille, le 9 juin 1702; il était
fils de François *Petitpas*, aliàs *Petypas*, chevalier, seigneur de Warcoing,
la Mousserie, et de Marie-Jeanne *de Moncheaux*, dite *Adin*, et portait : *de
sable, à trois fasces d'argent ; l'écu brisé en chef, d'un lambel d'or, à trois
pendants.*

5° Bonne-Marguerite mariée avec Adrien-Joseph *de Gilleman*, écuyer,
seigneur de la Barre, qui releva la bourgeoisie de Lille, le 12 juillet 1713;
il était fils d'Adrien et d'Antoinette *de Lobel*. De ce mariage, vint, entre
autres enfants, Philippe-Charles-Joseph *de Gilleman*, écuyer, seigneur de
la Barre, témoin au mariage de sa cousine germaine, Marie-Philippine *du
Bois*, dite *de Hoves*, que nous verrons ci-après.

XI. Philippe-Marie *du Bois*, dit *de Hoves*, écuyer,
seigneur d'Hérignies, de Drumet, du Plouy-lez-
Phalempin, de le Pret, co-seigneur d'Attiches, etc.,

(1) Guillaume (le colonel). *Histoire des gardes wallonnes*, p. 330.

releva la bourgeoisie de Lille, le 3 juillet 1711. Trois ans auparavant, en 1708, son château d'Hérignies avait été occupé par les troupes du maréchal de Berwick venant pour faire lever le siége de Lille (1).

PHILIPPE épousa le 7 novembre 1710, Marie-Ignace *de Gilleman*, fille d'Adrien, écuyer, seigneur de la Barre, et d'Antoinette *de Lobel*. Ces deux derniers époux sont mentionnés dans l'*Armorial de Flandre*, etc., déjà cité ci-devant :

Page 171 :

233. — Antoinette *de Lobel* veuve d'Adrien GILLEMAUT, écuier, seigneur de la Barres-Saint Hilaire :

> de sinople, à une face ondée d'or, accompagnée de trois croissants d'argent, deux en chef et un en pointe.

Ce ne sont point là les vrais armoiries des GILLE-MAN ; elles étaient : *d'azur, à la fasce ondée d'argent, accompagnée de trois croissants d'or, 2 et 1.* Et celles des DE LOBEL : *d'azur, à un arbre d'or, sur une terrasse du même.*

Les *Souvenirs de la Flandre wallonne* (Douai, 1862), t. 2, p. 35, donnent en note une inscription qui fut placée dans l'église d'Attiches vers l'époque du mariage de Philippe-Marie *du Bois de Hoves* ; nous la reproduisons ici :

> MONUMENT
> de la très-noble et très
> ancienne famille des
> DU BOIS DE HOVES
> seigneur de Héreingnies
> Drumetz, etc. Requies-
> cant in pace. 1710.

---

(1) *Statistique archéologique du département du Nord*, première partie, p. 73.

Et autour étaient ces quartiers :

DU BOIS DE HOVES, *de le Candelle, Sourdau, Gombault;*
DUGROSPREZ, *Bertould,* ....., *Landas.*

Le nom du quartier effacé entre *Bertould* et *Landas*, est VAN OYE.

Comme il avait beaucoup d'enfants, PHILIPPE obtint, par lettres du Roi de France données à Compiègne en mai 1729, le droit de pouvoir vendre pour la somme de 15,700 livres, 12 bonniers *esclissés* de son fief d'Hérignies qui relevait du Roi, à cause de la cour et halle de Phalempin. Il vivait encore en 1739 et demeurait à Attiches.

Voici quels furent les enfants de Philippe-Marie :

1° PHILIPPE-JOSEPH-ALBERT, qui suit, XII. D'HOZIER en fait une fille qu'il désigne sous les prénoms de Philippe-Josèphe-Alberte.

2° PHILIPPE-MARIE-CHARLES, écuyer, né le 25 juin 1713.

3° ANTOINETTE-DÉSIRÉE, née le 27 mai 1714, fut dame du Moncheau, au Mont-Saint-Aubert, lez-Tournai.

4° GERMAIN, écuyer, né le 18 juin 1715.

5° PHILIPPE-JOSEPH, écuyer, jumeau du précédent.

6° MARIE-MARGUERITE-ALEXANDRINE, baptisée à Lille, le 20 mars 1717, reçue à la *Sainte et Noble Famille de Lille*, le 26 juillet 1724, puis à Saint-Cyr, le 23 juillet 1727, sur certificat du juge d'armes de France; elle mourut à Douai étant carmélite (1).

7° ADRIEN-HYPPOLITE-ALEXANDRE, écuyer, seigneur d'Hérignies, de le Pret, etc., naquit à Attiches le 22 août 1718, selon D'HOZIER et DE LA CHENAYE DESBOIS, et en 1727 selon son acte de mariage, habita Prémecques en 1767, releva la bourgeoisie de Lille, le 21 mai 1767, après avoir épousé dans cette ville, paroisse de Saint-Maurice, le 19 mars de la même année, Catherine-Agnès *Lagache de Bourgies*, veuve de Jean-Baptiste *Boccart* (2),

(1) DE FONTAINE DE RESBECQ (le c^te). *La Sainte et Noble Famille de Lille.* Extrait du tome XII du Bulletin de la commission historique du Nord. P. 73.

(2) DU CHAMBGE DE LIESSART (le baron E -P.-C.). *Notices historiques relatives aux offices et aux officiers du Bureau des Finances de la généralité de Lille.* Lille. Leleu. 1855. p. 97..

née à Lille, le 3 octobre 1732, fille de Nicolas-Ignace *Lagache*, chevalier, seigneur de Bourgies, trésorier au bureau des Finances de Lille et de Marie-Agnès *van Tourante*. Catherine-Agnès *Lagache de Bourgies* portait : *d'or à trois pies* (AGACHES en wallon) *au naturel* ; elle n'eut pas de postérité.

8° EUGÈNE-JOSEPH-ROBERT, écuyer, né le 29 juin 1720; nous croyons qu'il se fit religieux au monastère de St-Bertin.

9° MARIE-PHILIPPINE, née à Attiches, le 4 juillet 1728, reçue à la *Sainte et Noble Famille de Lille*, le 26 juillet 1735 (1) épousa à Lille, paroisse de St-Pierre, le 28 septembre 1762, Joseph-Guillaume François *de Moncheaux*, dit *Adin*, écuyer, seigneur de Hautmez, Legris, etc., né en 1715, fils de Joseph-Albert, écuyer, et de Barbe-Alexandrine *de Baillencourt*, dite *Courcol*. Il portait : *de sinople fretté d'or*, et demeurait à Bruxelles. Ce mariage fut célébré par Rupert *du Bois de Hoves*, religieux de St-Bertin, prévôt de Hames.

XII. PHILIPPE-JOSEPH-ALBERT *du Bois*, dit *de Hoves*, chevalier, seigneur de la Sossoye, Plouy-lez-Phalempin, etc., né à Lille, paroisse de Ste-Catherine, en 1711, demeurant à Attiches en 1737, se fit recevoir bourgeois de Douai, le 23 août 1738, après avoir épousé dans cette ville, le 25 avril de la même année, Marie-Jeanne-Josèphe-Arnoulde *Boulé*, née à Valenciennes, paroisse de St-Nicolas, en 1703 (2); laquelle portait : *d'azur, au chevron, accompagné en chef de deux besans et, en pointe d'un lion, le tout d'or*. Elle était fille d'Antoine *Boulé*, seigneur du Petit-Farvacque, de Marquette, du Châteler, etc., (anobli par lettres patentes de l'empereur Charles VI, comte de Hainaut, datées du 16 février 1729) (3) et de Marie-Jeanne *Laurent*.

(1) DE FONTAINE DE RESBECQ (le cte). *La Sainte et Noble Famille de Lille.* page 81.
(2) Selon son acte de mariage, qui ne lui donne que trente-trois ans, elle serait née en 1705.
(3) DE VEGIANO. *Nobiliaire des Pays Bas*, etc. Édition DE HERCKENRODE, au mot : BOULÉ.

Voici l'acte de mariage de Philippe-Joseph-Albert *du Bois de Hoves :*

Extrait des registres aux actes de naissance, mariage et décès de la ville de DOUAI, *Département du* NORD, *paroisse* SAINT-ALBIN.

Le vingt-cinq avril mil sept cent trente huit, après avoir obtenu de nos seigneurs, Monseigneur François Erneste, évêque de Tournay, et Monseigneur François DE BAGLION DE LA SALLE, évêque d'Arras, la dispense des trois bans du futur mariage entre messire *Philippe-Joseph-Albert* DUBOIS DE HOVES, fils de messire *Philippe-Marie* DUBOIS DE HOVES, écuyer, seigneur d'Héreingnies, Drumez, et de dame *Marie-Ignace* DE GILLEMAN, natif de la ville de Lille, paroisse de Sainte-Catherine, à présent domicilié en la paroisse d'Attiches, chatélenie dudit Lille, âgé de vingt sept ans, d'une part ; et Demoiselle *Marie-Jeanne-Josèphe-Arnoulde* BOULÉ, native de Valenciennes, paroisse de Saint-Nicolas, fille de Monsieur *Antoine* BOULÉ, seigneur du Petit-Fervaque, et de dame *Marie-Jeanne* LAURENT, domiciliée dans cette paroisse, âgée d'environ trente trois ans, de l'autre part ; vu aussi le consentement par écrit de Mᵉ BLAWART, curé de la dite paroisse d'Attiches à ce présent mariage, je soussigné Mᵉ *Charles-Arnould* LAURENT, prêtre, chanoine de la Collégialle de Saint-Pierre en cette ville, à ce expressément commis et député par Mᵉ *Jean-François* MARSELLE, prêtre, curé de cette paroisse aussi soussigné et du consentement des parents respectifs ai reçu d'eux les promesses et consentement de mariage et leur ai donné la bénédiction nuptiale et célébré le dit mariage avec les cérémonies accoutumées, en présence des sieurs *Pierre* VAN TRIER, natif de Hilvarenbecq, seigneur de Meulenberg et Brandt ; *Prosper* ZOETART, natif de Bruges, tous deux libres de condition, domiciliés en la paroisse de Saint-Pierre ; *Jacques-Joseph* RAOULT, seigneur de la Motte Capron, échevin moderne de cette ville, et demoiselle *Marie-Joseph* BECQUET, dame de Picquène, son épouse, domiciliés dans cette paroisse, tous quatre témoins à ce requis et appelés, qui ont signé.

(Signé :) P.-J.-A. *Dubois de Hoves*, M.-J.-J. *Boulé, Pierre van Trier de Meulenberg et Brandt, Prosper Zoetart, Raoult de la Motte Capron, Becquet Raoult du Picquene*, C.-A. *Laurent* et J.-F. *Marselle* pasteur et doyen.

Pour extrait conforme délivré à la Mairie de Douai, le 13 mars mil huit cent soixante treize.

Cachet de la ville de Douai.

Le Maire
V. *Hanotte* adjᵗ.

Philippe-Joseph-Albert *du Bois de Hoves* a laissé un manuscrit, formant un cahier de 250 feuillets in-4°, qui repose aux archives de Douai.

Les *Souvenirs de la Flandre Wallonne* (Douai, 1862, t. 2, p. 34 et suivantes; 1863, t. 3, p. 23 et suivantes) ont donné sous le titre de : *Journal d'un échevin de Douai pendant la disette de 1740*, des extraits de ce manuscrit.

L'auteur de ces extraits, dans une sorte d'avant-propos, parle de M. *du Bois de Hoves*, en ces termes :

« M. Dubois de Hoves, auteur du manuscrit en question, était entré dans » le magistrat de Douai le 9 novembre 1739. C'était à ce que nous en » pouvons juger par le manuscrit que nous avons sous les yeux, un esprit » remuant, actif, très-dévoué au bien public, n'hésitant jamais, qu'il s'agisse » d'une fatigue ou même d'un sacrifice d'argent; avec cela tenant énormé- » ment à ses idées, facile et âpre à la critique, trop enclin à prendre des » commérages pour la vérité, mais la rencontrant parfois à force de » chercher. Il paraît avoir été assez peu instruit, il a des idées très arrêtées » sur tout, avec lesquelles il ne transige jamais, ce qui le rend intolérant » pour l'opinion d'autrui ; enfin, tout en se proclamant l'ami de la liberté » du commerce, il est sans doute, le plus implacable partisan des » restrictions et des entraves, pourvu qu'elles ne le gênent pas lui-même. » Avec ces qualités et ces défauts, il était, on le devine, un peu isolé au » sein du corps municipal de Douai, où, il faut bien le dire, dominait trop » la préoccupation des intérêts personnels. Toujours occupé à pousser » celui-ci, à retenir celui-là, il était particulièrement en lutte avec le chef » du magistrat, M. de Rollencourt (1), et avec M. Dervillers (2), l'un des » procureurs-syndics. »

Du mariage de M. *du Bois de Hoves* avec Marie-Jeanne-Josèphe-Arnoulde *Boulé*, il ne vint qu'un enfant unique :

Antoine-Marie-Ignace-Philippe-Joseph-Désiré, écuyer, qui suit, XIII.

---

(1) Jean-Louis Cardon, écuyer, seigneur de Rollencourt, ancien trésorier au bureau des Finances de Lille.
(2) Pierre-Antoine *Dervillers*, sub-délégué de l'intendant.

Philippe-Albert *du Bois de Hoves* mourut à Tournai, paroisse de Notre-Dame, le 12 janvier 1753.

On lit dans le registre des baptêmes de la paroisse de St-Pierre, de Douai, pour l'année 1748 :

« Le 23 juin, a été baptisé *Jacques-Joseph* Du Bois d'Hove, fils illégitime de *Marie-Marguerite* Margritte, de Raimbeaucourt, et de M^r Du Bois d'Hove, homme marié.

Nous ignorons le sort de cet enfant ; le prénom de son père nous est inconnu.

XIII. Antoine-Marie-Ignace-Philippe-Joseph-Désiré *du Bois*, dit *de Hoves*, écuyer, seigneur de Drumetz, puis du Grand-Manain et de le Pretz, naquit à Douai, le 3 juin 1739, et fut baptisé en cette ville, paroisse de St-Albin, le 6 du même mois ; il eut pour parrain, son grand-père maternel, Antoine *Boulé*, écuyer, seigneur du Petit-Fervacques, etc., et pour marraine, sa grand'-mère maternelle, Marie-Ignace *de Gilleman de la Barre*, dame d'Héreingnies, etc. Il mourut à Valenciennes, âgé de 73 ans 9 mois, le 12 mars 1813.

On lit dans l'*Essai chronologique* d'Hoverlant, à la page 79 de la première partie du tome CI, ce qui suit :

« Ledit fief du grand manain fut relevé le 28 août 1789 pardevant ledit » grand prévôt De Cazier, par le sieur Evangéliste Vinchent, receveur, en » sa qualité de procureur spécial de Philippe-Ignace-Marie-Joseph-Désiré » Dubois Dehoves, comme héritier de feu Adrien-Hypolitte Dubois Dehoves » seigneur du grand manain et D'Hercignies, son oncle paternel. »

Dans le même ouvrage, tome XXIX, p. 72, on lit :

« Une maison tenante à la précédente, occupée par Monsieur Dubois » Dehove, au fermage annuel, échéant à la Noël, de   96 fl. »

Cette maison était située rue Morelle ; celle du sieur Terstalle la séparait de la chapelle de l'Athénée,

9

autrefois noviciat des Jésuites ou collége de St-Paul.

Antoine *du Bois de Hoves* épousa à Valenciennes, paroisse Notre-Dame de la Chaussée, le 8 juillet 1766, Marie-Mélanie-Josèphe *Descornaix*, ou *d'Escornaix*, qui portait : *d'or, à un double trécheur de sinople fleurdelisé et contrefleurdelisé, au chevron de gueules brochant sur le tout*. Elle était fille d'Albert-Joseph *Descornaix*, licencié ès lois, avocat en Parlement de Flandre, trésorier-massard de la ville de Condé, etc., et de Marie-Thérèse *Gilbert*; elle avait eu pour parrain, M. Joseph *Descornaix*, religieux de Marchiennes, et pour marraine, Madame *Thirou*, née Marie-Josèphe *Pamart* (1). Nous donnerons à l'Appendice, Annexe n° 2, tout ce que nous avons pu recueillir sur les *Descornaix* de Condé.

Marie-Mélanie-Josèphe *Descornaix*, qui était née à Condé-sur-l'Escaut, le 17 septembre 1741, fut baptisée le 19 du même mois et mourut à Kain, lez-Tournai, âgée de 67 ans, le 3 mars 1808, après avoir eu de son mariage, les enfants qui suivent :

1° Désiré-*Eugène*-Joseph, baptisé à Tournai, paroisse Notre-Dame, le 30 juillet 1764. Parrain : Eugène-François-Joseph *Montreul;* marraine : Marie-Thérèse *Miroux.* Cet enfant fut légitimé par mariage.

2° Marie-Adélaïde-Thérèse née à Tournai, paroisse de St-Brice, baptisée le 7 juillet 1767. Parrain : Messire Ignace *de Calonne de Beaufayt,* capitaine au régiment de la Marck; marraine : Marie-Jeanne-Josèphe-Arnoulde *Boulé,* mère du père de l'enfant à baptiser.

3° Marie-A*délaïde*-Dominique-Josèphe née à Tournai, baptisée à St-Brice, le 31 juillet 1768. Parrain : Jean-Dominique Gosseau, bourgeois de Valen-

(1) Mr *Thirou* était à l'époque dont nous parlons, échevin de Condé ; un de ses parents, Charles *Thirou,* aussi échevin de Condé, est cité dans l'*Armorial de Flandre, du Hainaut et du Cambrésis,* dressé par D'Hozier, publié par Borel d'Hauterive, à la page 248.

ciennes ; marraine : Marie Jeanne-Josèphe-Arnoulde BOULÉ. Elle mourut
à Maubeuge, le 12 juin 1830, après avoir été mariée deux fois. Elle épousa
en premières noces, Joseph-Albert-Marie *Harduin d'Hamel*, écuyer, premier lieutenant au régiment des chasseurs de CALONNE-BEAUFAYT, au
service de Sa Majesté Très-Chrétienne, aux ordres de Mgr le Régent et de
Mgr le comte d'Artois. Mr *Harduin d'Hamel* étant mort pendant la tourmente
révolutionnaire, Adélaïde *du Bois de Hoves* se remaria avec Pierre-Louis-
François-Joseph *du Vernay du Plessis*, écuyer, que nous retrouverons ci-
après dans la généalogie de la famille DU VERNAY DU PLESSIS. Elle avait eu
de son premier mariage :

> A. JEAN-BAPTISTE-JOSEPH-AUGUSTE-FRANÇOIS *Harduin*
> *d'Hamel*, écuyer, né à Kain, baptisé en cette com-
> mune le 16 mai 1794. Parrain : Jean-Baptiste-
> Marie *Harduin de Martin*, officier au régiment des
> grenadiers wallons au service des Provinces-Unies,
> oncle paternel ; marraine : Jeanne-Joseph *du*
> *Breucq*, veuve de Mr *Vincent*, représentant Marie-
> Mélanie-Josèphe *Descornaix*, grand'mère mater-
> nelle.

4° MARIE-THÉRÈSE-*Sophie* née à Tournai, baptisée à St-Brice, le 21 août
1769. Parrain : Emmanuël *de Lerneux*, chanoine de la Cathédrale de
Tournai ; marraine : Marie-Thérèse *Gilbert*, de Valenciennes ; sans doute
la grand'mère maternelle. Sophie *du Bois de Hoves* mourut à Kain, le 22
mai 1793.

5° *François*-LOUIS-JOSEPH, écuyer, né à Tournai, baptisé à St-Brice, le 28
décembre 1770. Parrain : le Marquis de Brisay (1), lieutenant-général de
l'Orléanais, au nom de Mgr *du Mont*, marquis *de Gages*, etc.; marraine :
Barbe-Antoinette-Albertine *Descornaix*, de la paroisse de Notre-Dame de la
Chaussée, de Valenciennes, tante maternelle.

6° *Albertine*-LOUISE-NATALIE-JOSÈPHE née à Tournai, baptisée à St-Brice,
le 11 septembre 1772. Parrain : Louis-René, marquis *de Brisay*, maréchal
de camp au service du Roi Très-Chrétien; marraine : Albertine-Barbe-
Antoinette *Descornaix*, tante maternelle. Albertine *du Bois de Hoves* épousa
à Tournai, le 13 novembre 1816, Charles *Wetmur*, marchand-tailleur, né à
Tournai, baptisé à la paroisse de Ste-Marie-Madeleine, le 24 novembre 1770,

---

(1) BRISAY : *fascé d'argent et de gueules de huit pièces*. Louis-René DE
BRISAY, dit le *Marquis de Brisay*, fils de Pierre-René *de Brisay*, chevalier,
comte de Denonville, lieutenant-général du pays chartrain, brigadier des
armées du Roi, et de Jeanne-Catherine *Quintin*, fille du marquis de
Chançenay.

fils de Paul-Jacques *Wetmur* et d'Amélie-Josèphe *Lanne;* elle mourut à Tournai, le 4 juillet 1837, sans laisser de postérité.

7° *Alexandrine-*CATHERINE-JULIE née à Tournai, baptisée à la paroisse de St-Nicolas, le 6 avril 1774. Parrain : Adrien-Hyppolite-ALEXANDRE *du Bois de Hoves,* écuyer, seigneur de le Pretz, grand oncle paternel; marraine : Catherine-Agnès *Lagache de Bourgies* (1), épouse dudit Alexandre *du Bois de Hoves.* Elle mourut à Tournai, le 19 janvier 1839, sans avoir été mariée.

8° *Césarie-*MARIE-JOSÈPHE née au château du Grand Manain, à la Tombe (Kain), le 22 juillet 1777, ondoyée le 26 du même mois et baptisée le 19 août. Parrain : Pierre-Joseph-Hiacinthe-Xavier *d'Offegnies,* avocat, échevin de Valenciennes et conseiller au Parlement de Flandre, cousin d'Antoine DU BOIS DE HOVES; marraine : Marie-Thérèse-Josèphe *Descornaix,* épouse de Mr *Mennessier Duplessis,* trésorier de Landrecies, receveur des finances du Roi, au dit Landrecies (2).

9° *César-*AUGUSTE-POMPÉE, écuyer, qui suit, XIV.

10° *Anastasie-*MÉLANIE-JOSÈPHE-LOUISE née à Tournai, baptisée à St-Brice, le 16 mars 1783. Parrain : Albert-Benoît Joseph *Descornaix,* licencié-ès-lois, ancien échevin de Valenciennes, greffier criminel du dit Valenciennes; marraine : Anne-Louise-Adélaïde *Maroteau.* Anastasie *du Bois de Hoves* épousa à Bruxelles, le 16 avril 1812, Henri-Jean-Jacques-Louis *van Trier de Hautebierges,* écuyer, capitaine d'artillerie, fils de Jacques-Joseph *van Trier,* écuyer (nommé parfois: Antoine-Jacques *van Trier),* natif d'Anvers, marié vers 1780, à Catherine-Louise *d'Awans de Hautebierges,* native de Louvain. Henri *van Trier,* qui mourut à Bruxelles, le 5 décembre 1832, était né à Louvain, paroisse de St-Jacques, le 17 juin 1784, et était frère d'Henriette-Jeanne-Françoise-Josèphe *van Trier,* née à Louvain, même paroisse, le 23 mars 1786, mariée à François *Wyns de Rocour,* chevalier, bourgmestre de Bruxelles, vice-président du Sénat de Belgique, décédé en 1857, inhumé à Laeken-lez-Bruxelles. Anastasie *du Bois de Hoves* mourut à Bruxelles, le 27 septembre 1835, ayant eu de son mariage, outre plusieurs enfants des deux sexes morts en bas-âge, les deux filles qui suivent :

> A. *Natalie-*Camille-Louise-Albertine VAN TRIER, née à Lippeloo, canton de Puers, arrondissement de Malines, province d'Anvers, le 28 septembre 1812, mariée le 12 novembre 1840, avec Alexandre

(1) Le mot *Bourgies* est écrit *Courgies* dans l'acte de baptême.

(2) Le 12 mars 1793, est décédé à Kain, l'abbé *Menecier du Plessis,* vicaire de St-Pithon, âgé de 31 ans, natif de Landrecies.

(3) Henriette *van Trier* fut mère de Catherine-Louise-Sidonie *Wyns de Rocourt,* née en 1813, morte en 1815, inhumée à Laeken.

Wérotte, fabricant de produits chimiques, domicilié en 1849, à Ixelles, lez-Bruxelles, chaussée
d'Etterbeek, et en 1876, à Liége, faubourg St-
Laurent, N° 140. De ce mariage :

a. Palmyre Wérotte.

b. Victor Wérotte, fabricant de produits chimiques
à Andrimont, lez-Verviers.

B. Palmyre-Séraphine VAN TRIER, née à Lippeloo, le
10 octobre 1813, mariée le 18 avril 1842, avec
Emmanuël Passenbronder, médecin à Borgerhout,
lez-Anvers. De ce mariage :

a. Albert Passenbronder, marié et ayant postérité.

b. Jules Passenbronder, associé avec son cousin
Victor Wérotte, pour la fabrication des produits
chimiques (1).

c. Alfred Passenbronder, marié et ayant postérité.

La maison VAN TRIER DE TIÉGE porte pour armoiries : Ecartelé, aux 1 et
4 : de sinople, au sautoir d'or, chargé d'une fasce ondée d'argent; au franc-
canton : d'argent, au lion de sable, armé et lampassé de gueules ; — aux 2
et 3 : de sable, à trois fasces d'or; au chef d'or, chargé de trois canettes de
sable, rangées en fasce, becquées et membrées de gueules. Sur le tout des
partitions : d'or, au rencontre de cerf de gueules, surmonté d'un gland au
naturel, posé en pal, la queue en haut. Timbre : une couronne à cinq perles
visibles, surmontée d'un casque d'argent, taré de profil, grillé de cinq grilles
d'or, liseré et colleté du même, fourré de gueules, assorti de son bourrelet et de
ses lambrequins d'or et de gueules. Cimier : un lion naissant de sable, armé
et lampassé de gueules, supportant de sa patte sénestre un écu d'or, chargé
d'un rencontre de cerf et d'un gland, le tout conforme au surtout de l'écu, et
tenant de sa dextre une épée d'argent garnie d'or. Supports : deux cerfs
élancés au naturel, les têtes contournées. Devise : PER ARDUA CRESCO, d'or,
sur un listel de gueules.

Dans l'empreinte du cachet des van Trier que nous avons sous les yeux,
la fasce brochante des première et seconde partitions a été gravée d'azur.
L'écusson de la dite empreinte a pour TIMBRE : une couronne de marquis,
savoir : un cercle d'or à quatre fleurons alternés chacun de trois perles
posées en forme de trèfle; trois fleurons et deux trèfles de perles sont
visibles. Dans un autre cachet, l'écusson des van Trier est accolé d'un
écusson : de sable, au bois de cerf d....... ..., accompagné de trois quinte-

(1) Messieurs Wérotte et Passenbronder, fabricants de produits chimiques
à Andrimont, lez-Verviers, ont obtenu une distinction à l'Exposition de
Vienne (Autriche), en 1873.

feuilles mal-ordonnées d.........., et surmonté du casque et du cimier décrits plus haut.

XIV. César-Auguste-Pompée *du Bois,* dit *de Hoves,* écuyer, naquit au château du Grand-Manain en 1780, selon la tradition la plus accréditée, mais nous n'avons pu mettre la main sur son acte de naissance. Il vécut en célibat et mourut à Tournai, âgé de 68 ans, le 13 août 1848; il demeurait dans la dite ville, chez son beau-frère, Charles *Wetmur,* rue du Louvre, n° 2. Ses biens, situés en Belgique, furent vendus par les notaires Henri et Simon, de Tournai, et ceux situés en France le furent par le notaire Mabille, de Valenciennes. Voici quelles furent les personnes qui figurèrent comme héritières au partage de ses biens :

1° Louis-François-Joseph *du Vernay du Plessis,* écuyer, douanier.

2° Adélaïde *du Vernay du Plessis.*

3° Madame Louis Ysebrant de Lendonck, de Lille, née Charlotte-Joséphine *du Vernay du Plessis.*

4° Albertine *du Vernay du Plessis.*

5° Charles-Louis-Alphonse *du Vernay du Plessis,* écuyer, marchand-épicier à Lille.

6° Hermann-Adolphe *du Vernay du Plessis,* écuyer, lieutenant au cinquième régiment de dragons au service de France.

Tous les six, frères et sœurs, nés du mariage de Pierre *du Vernay du Plessis,* écuyer, avec Adélaïde *du Bois de Hoves.*

7° et 8° Mesdames *Wérotte* et *Passenbronder*, nées *van Trier*, que nous avons vues plus haut.

L'acte de vente est daté du 22 février 1849, et le compte rendu aux héritiers par les notaires Henry et Simon, l'est du 11 janvier 1850.

BRANCHE CADETTE

DITE

D'HERMAVILLE, D'HAUCOURT, DE LASSUS

ET DE

FOSSEUX (1).

VIIIbis. MELCHIOR *du Bois*, dit *de Hoves*, écuyer, co-seigneur d'Haucourt, fils de Sohier IV, seigneur de la Motte, et de Jeanne *de Bacquehem*, sa troisième femme, épousa Madeleine *des Pretz*, qui portait : *de sable, à trois fasces d'argent, accompagnées en chef d'une aigle d'or, membrée et becquée d'argent, posée au premier canton dextre de l'écu ;* elle était fille de Simon *des Pretz*, écuyer, seigneur de la Motte (en Artois) et autres lieux. De ce mariage vint entr'autres enfants :

ANDRÉ, écuyer, qui suit, IX.

Melchior *du Bois de Hoves*, qui avait testé à Douai, le 8 décembre 1612, mourut en 1615.

IX. ANDRÉ *du Bois*, dit *de Hoves*, écuyer, seigneur d'Hermaville, co-seigneur d'Haucourt, mourut à Douai, rue Saint-Albin, le 11 mars 1635. Nous donnons ci-contre la reproduction d'une peinture sur

---

(1) DE LA CHENAYE-DESBOIS et BADIER. *Dictionnaire de la Noblesse*, tome 3, colonnes 405-406, de l'édition SCHLESINGER. — LE BOUCQ DE TERNAS (le ch^{er} Amédée). *Manuscrit concernant les familles dont des membres ont siégé au Parlement de Flandre et au conseil d'Artois.* Ouvrage non encore terminé et qui a été généreusement mis à notre disposition.

PLVS EN PLVS HOVES 1636

Reproduction d'une peinture sur bois représentant

N DU BOIS DE HOVES.

L'original se trouve chez M. Leroux, boulanger, rue St Albin, 77, à Douai

bois que nous croyons être son portrait et qui se trouve encore en 1876, chez M. *Leroux*, boulanger, rue St-Albin, n° 77, à Douai. Voir PLANCHE V. André *du Bois de Hoves* épousa Rose *de Vermeilles*, fille de Simon, écuyer, seigneur de Vilers, dont il laissa entre autres enfants :

ANTOINE, qui suit, X.

X. ANTOINE *du Bois*, dit *de Hoves*, écuyer, seigneur d'Haucourt, de Lassus, d'Hermaville, de la Mouvardrie, du Londicq, de Duisans et de la baronnie de Fosseux, licencié-ès-lois, avocat en Parlement, puis député à la Cour pour les Etats d'Artois, fut nommé le 22 mars 1685, conseiller au Conseil d'Artois en remplacement d'Antoine *le Merchier*. Né à Douai, il s'était fait recevoir bourgeois d'Arras, le 7 octobre 1652; il mourut dans cette ville, le 24 mai 1703, et fut inhumé aux Carmes chaussés. Il acheta la terre du Londicq en novembre 1690, et celle de Fosseux en 1700; ce dernier fief lui fut vendu par Alexandre *de Hennin-Liétard-Cuvillers* (1). Antoine *du Bois de Hoves* reçut des lettres de reconnaissance de noblesse datées de St-Germain-en-Laye, au mois de janvier 1677; nous en donnons le texte ci-après, *Appendice*, Annexe n° 4. Antoine épousa Jeanne *Galbart*, fille de Chrétien *Galbart*, écuyer, seigneur de Hertignœul (2); elle mourut le 14 décembre 1714. Il figure avec elle dans l'*Armorial d'Artois et de Picardie (Généralité*

(1) SAINT-ALLAIS. *Nobiliaire universel de France*. T. 9, p. 342.
(2) Etant donné le nom de Chrétien *Galbart*, nous croyons devoir attribuer à Antoine *du Bois de Hoves*, époux de Jeanne *Galbart*, la paternité de Jean-Chrétien *de Hoves*, époux de Marie-Anne *de Haynin*, cité ci-devant, page 9.

11

d'Amiens), publié par BOREL D'HAUTERIVE, à la page 31, où on lit :

39 *bis* — Antoine Dubois de HOUES (Hoves), escuier, seigneur de Duisans et Hermaville, et Jeanne GALBART, son épouze :

D'azur, à trois coquilles d'or, deux et une ; accolé : d'azur, a deux chevrons *(alias* croissants. Voyez le N° 2, page 28), adossez d'or, accompagnez de quatre annelets de même, un en chef, deux en flancs et un en pointe.

Le renvoi que l'on remarque au milieu de ce blasonnement fait allusion à l'écusson de Pierre *Galbart*, parent de Jeanne *Galbart;* cet écusson est mieux décrit que celui de Jeanne, sauf qu'on a omis d'y indiquer la position exacte des CROISSANTS qui doivent être mis *en pal;* GALBART portait : *d'azur, à deux croissants d'or, mis en pal et adossés, accompagnés de quatre annelets du même, un en chef, deux en flancs et un en pointe.*

Antoine *du Bois de Hoves* et son épouse firent un testament mutuel en 1672, et Antoine en fit un particulier, le 22 mai 1703, deux jours avant son décès. Selon d'HOZIER, il avait été présenté au roi Louis XIV en 1657, par le Conseil d'Artois pour remplir la charge de Procureur général de ce Conseil. Il mourut âgé de plus de 80 ans, ayant retenu de son mariage, sept fils et une fille. Voici ceux de ces enfants que nous connaissons :

1° ANTOINE-AUGUSTIN, chevalier, seigneur d'Hermaville, baptisé le 30 mai 1660, licencié-ès-lois, avocat au conseil d'Artois, récréanta la bourgeoisie d'Arras, le 12 mai 1687; il devint, ensuite, conseiller au Parlement de Flandre, le 31 octobre 1689, puis président à mortier, le 7 février 1693. Ce dernier office ayant été supprimé par édit de décembre 1703, Antoine *du Bois de Hoves* reçut le remboursement de la finance qu'il avait payée, et mourut à Tournai, paroisse de Sᵗ-Nicolas, le 9 septembre 1709, âgé de près de 50 ans. Il ne laissa pas de postérité du mariage qu'il avait contracté, le

7 juin 1702, avec Jeanne-Thérèse-Bernarde *de Zoomberghe,* laquelle mourut le 12 mai 1706. Elle était fille de *Robert* DE ZOOMBERGHE, chevalier, seigneur de Thirissart, Pierrefontaine, etc., conseiller du roi d'Espagne en son conseil ordinaire à Mons, et de Marie-Claire *le Waitte.*

DE ZOOMBERGHE : *parti d'argent et de gueules, au sautoir de l'un en l'autre.*

LE WAITTE : *de gueules, au chevron d'or, accompagné en chef d'un croissant et d'un oiseau, et en pointe d'une étoile à six rais, le tout du même.*

ANTOINE-AUGUSTIN et son épouse furent parrain et marraine de leur nièce, Thérèse-Aldegonde *de Bacquehem,* baptisée à Tournai, paroisse de St-Nicolas, le 12 mai 1703, décédée le lendemain. C'est dans l'église de cette paroisse qu'on remarque leur épitaphe gravée en lettres d'or sur marbre noir encadré de marbre blanc ; elle se trouve dans le chœur, contre le mur, à gauche en entrant ; nous la reproduisons ici :

ARMOIRIES accolées des
familles *du Bois de Hoves*
et *de Zoomberghe,* dans des
écussons ovales penchés l'un vers l'autre.
SUPPORTS : deux lévriers contournés. Le
tout est posé sur un manteau fourré d'hermines et surmonté d'une couronne de marquis *(Perles* et *fleurons).*

D. O. M.

A LA MÉMOIRE
de Messire
ANTOINE AUGUSTIN DUBOIS,
chevalier, seigneur d'Ermaville, conseiller
du Roy en ses conseils, et président à mortier
en la Cour de Parlement à Tournay, dont la
charité et piété envers cette paroisse ont
éclaté par la donation du prix de sa charge
de président pour la fondation d'un chapelain
chargé de célébrer la messe tous les jours à
onze heures et demie pour le repos de son âme et
de celles de son épouse et parents et du
résidu pour être distribué en aumône chaque
année : décédé le 9 de 7bre 1709, âgé de 50 ans.

Et de Dame
JEANNE THÉRÈSE BERNARDE
DE ZOOMBERGHE
son épouse décédée le 12 may 1706, inhumée
dans l'église de Sainte Vaudru en la ville de Mons.
Priez Dieu   pour leurs âmes.

Au-dessous de cette épitaphe, se trouve un médaillon qui nous fait connaître les traits du président *du Bois d'Hermaville*. Il y est représenté en buste, de face et coiffé à la Louis XIV; ses épaules sont recouvertes de la toge fourrée d'hermines. Voir PLANCHE VI. Il testa à Tournai, le 27 mai 1706 (1).

Antoine *du Bois de Hoves* figure dans l'*Armorial de Flandre, du Hainaut et du Cambrésis,* à la page 15; il y est mentionné en ces termes :

6. — Antoine-Augustin du BOIS, chevalier, seigneur d'Hermanville (d'Hermaville), conseiller du roy en ses Conseils et président à mortier au dit Parlement :

d'azur, à trois coquilles *(aliàs* vannets) d'or.

Nous possédons un volume in-4°, de 540 pages, intitulé : *Recueil d'Arrêts du Parlement de Flandre,* par M. DUBOIS D'HERMAVILLE, que son éditeur, J.-B. HENRY, a dédié :

« A Monseigneur Antoine-Louis-François LE FEVRE DE CAUMARTIN, Cheva-
» lier, Marquis de St Ange, comte de Moret, Sgr. de Caumartin et autres
» lieux, Conseiller du Roi en ses Conseils, Maître des Requêtes ordinaire
» de son Hôtel, Grand-Croix, Chancelier, Garde des Sceaux de l'Ordre
» Royal et Militaire de St-Louis, Intendant de Justice, Police et Finances,
» en Flandres et en Artois. »

Voici ce que dit, ce même éditeur, à la page V de sa préface :

« Mr. Antoine-Augustin DUBOIS-D'HERMAVILLE exerçoit la profession
» d'Advocat au Conseil d'Artois, lorsqu'il fut choisi le 31 octobre 1689, pour
» remplir au Parlement de Tournai une place de Conseiller, à laquelle le
» Roi venoit de le nommer. »

« LE mérite de ce savant Magistrat, son zèle pour le maintien des Loix,
» son assiduité au travail, lui acquièrent la protection de son Souverain, et
» l'estime de ceux qui l'environnoient, tous Jurisconsultes habiles et tirés
» des villes nouvellement conquises. Aussi voit-on avec quelle sagacité
» sont discutés les points de coutume des différentes villes de la Flandre,
» discussion qui ne pouvoit avoir lieu qu'en rassemblant ainsi dans un
» même corps, toutes les connoissances locales qui étoient éparses dans
» une multitude de villes des Pays-Bas, la plupart différentes de langage
» comme de coutumes : ce choix des Jurisconsultes tirés de tous les
» Ordres, étoit alors à la science du Droit ce que les Académies sont aux
» Sciences proprement dites; le Corps entier a toutes les vues générales
» pour juger les faits, mais chaque individu a outre cela des connoissances
» particulières et un génie propre. »

(1) HOVERLANT. *Essai chronologique,* t. 26 (XXVI), p. 274.

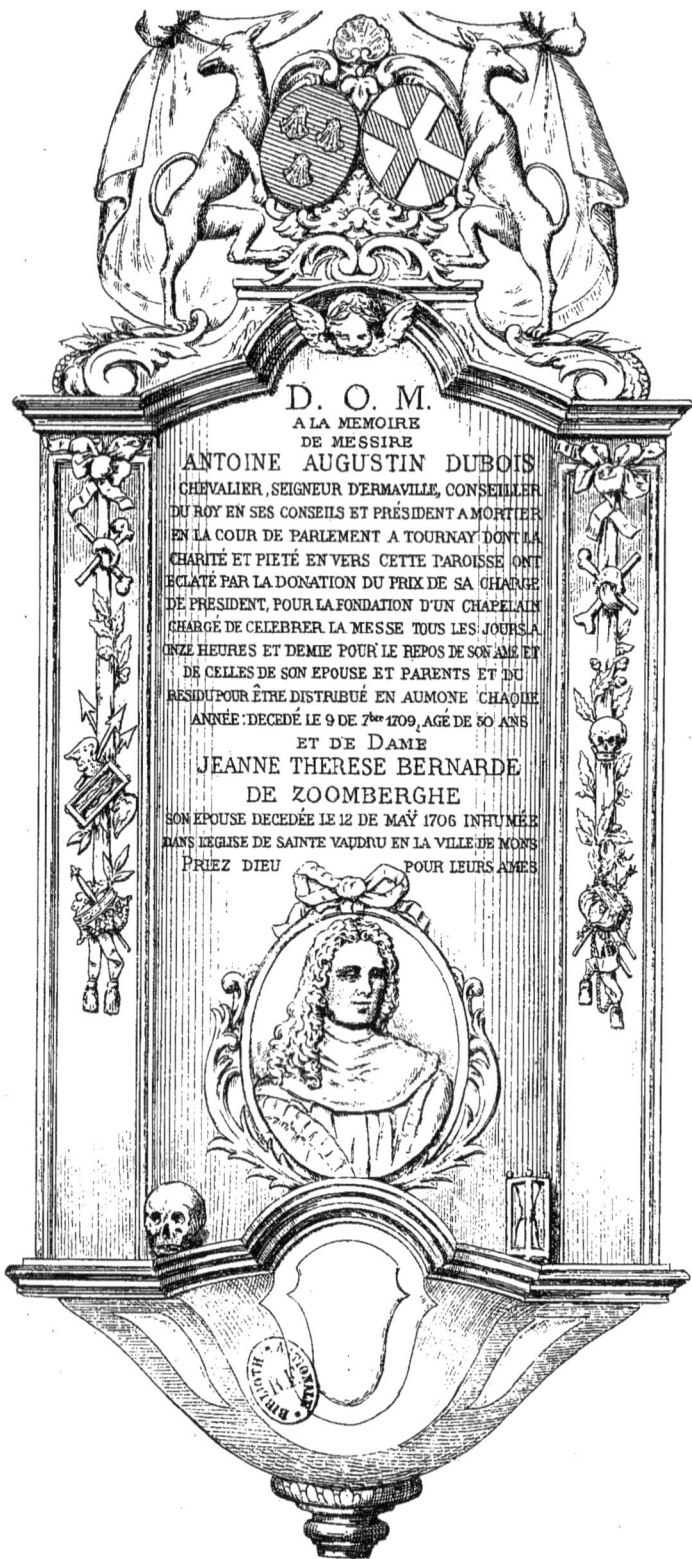

D. O. M.
A LA MEMOIRE
DE MESSIRE
ANTOINE AUGUSTIN DUBOIS
CHEVALIER, SEIGNEUR D'ERMAVILLE, CONSEILLER
DU ROY EN SES CONSEILS ET PRÉSIDENT A MORTIER
EN LA COUR DE PARLEMENT A TOURNAY DONT LA
CHARITÉ ET PIETÉ EN VERS CETTE PAROISSE ONT
ECLATÉ PAR LA DONATION DU PRIX DE SA CHARGE
DE PRESIDENT, POUR LA FONDATION D'UN CHAPELAIN
CHARGÉ DE CELEBRER LA MESSE TOUS LES JOURS A
ONZE HEURES ET DEMIE POUR LE REPOS DE SON AME ET
DE CELLES DE SON EPOUSE ET PARENTS ET DU
RESIDU POUR ÊTRE DISTRIBUÉ EN AUMONE CHAQUE
ANNÉE : DECEDÉ LE 9 DE 7bre 1709, AGÉ DE 50 ANS
ET DE DAME
JEANNE THERESE BERNARDE
DE ZOOMBERGHE
SON EPOUSE DECEDÉE LE 12 DE MAŸ 1706 INHUMÉE
DANS L'EGLISE DE SAINTE VAUDRU EN LA VILLE DE MONS
PRIEZ DIEU   POUR LEURS AMES

Lith. de Vasseur frères à Tournai

« C'est au milieu de tant d'hommes instruits que Mr. d'Hermaville
» recueillit les décisions de la Cour, dont il faisoit l'ornement, et à la tête
» de laquelle il se trouvoit, en 1695, comme Président à Mortier; c'est au
» choix que l'on fit de lui pour remplir cette place que nous devons le
» Recueil d'Arrêts que l'on publie aujourd'hui ; on a cru ne point devoir
» changer le style de cet ouvrage : en le rajeunissant on auroit craint de
» l'altérer. On sait qu'en matière de Droit chacun cherche *à tirer à soi* les
» expressions de l'Auteur que l'on cite ; il est donc nécessaire de le con-
» server dans sa pureté originelle. »

« Ceux qui ont quelque habitude du vieux langage, trouveront dans Mr.
» d'Hermaville de ces anciennes expressions fières et concises, qu'il eut
» été impossible de changer, et que notre urbanité moderne eut entière-
» ment gâtée. Il existe encore d'ailleurs dans la Province quelques copies
» manuscrites des Arrêts de Mr d'Hermaville ; ces copies ne se trouvant
» pas conformes à l'Ouvrage imprimé, on auroit été en droit de nous
» accuser d'avoir détourné le sens de l'Auteur, en voulant changer quelques
» mots : ces considérations nous ont engagés à suivre littéralement la
» copie de Mr. d'Hermaville, c'est la plus complette de celles qui existent :
» elle a encore outre cela été collationnée avec toutes celles que l'on a pu
» rassembler. »

« On trouvera en général la Logique de Mr. d'Hermaville sûre, quoiqu'il
» y ait des longueurs en certains endroits, etc., etc. »

Nous avons pu juger du mérite et de l'utilité de l'ouvrage du président
d'Hermaville, dont quelques arrêts se rapportant à des familles, jadis
puissantes, aujourd'hui obscures et ignorées, nous ont permis d'éclaircir
plusieurs points généalogiques importants restés jusqu'ici assez incom-
préhensibles pour beaucoup d'auteurs.

2º Philippe-Ferdinand, qui suit, XI.

3º Antoine-François, écuyer, seigneur de Duisans, d'Haucourt, etc., fut
nommé Conseiller au Conseil d'Artois, le 18 mai 1705, en remplacement de
son père. Il fut baptisé à Arras, le 12 septembre 1663, récréanta sa bourgeoisie dans cette ville, le 12 mai 1687 et y mourut le 10 août 1723. Il y fut
inhumé aux Carmes chaussés. Il avait obtenu, à la mort de son frère aîné,
des Provisions de la charge de Président à mortier au parlement de Flandre,
mais cette charge étant tombée par la suppression de la 4e chambre de ce
parlement, il reprit la charge de conseiller au conseil d'Artois (1). Il avait
épousé Marie-Josèphe *Mathon* (2), qui portait : *d'argent, à la bande de*
gueules, chargée en chef d'un croissant d'argent, et accompagnée d'onze bil-
lettes du second, cinq en chef rangées 3 et 2, et six en pointe rangées 1, 2 et 3,

_____

(1) d'Hozier. *Armorial général de France.* 5e registre, p. 144.
(2) Ou Malhon, selon Mr de Ternas.

et qui était fille de Guillaume *Mathon*, écuyer, conseiller du roi, receveur général des Etats d'Artois, et d'Anne-Marie *de Bernastre*. Il en retint deux enfants :

    A. ANTOINE-GUILLAUME, dit *d'Haucourt*, écuyer, seigneur de Duisans et d'Hocquincourt, né à Arras, le 14 mai 1706, remplaça son père, après avoir obtenu des dispenses d'âge, dans les fonctions de conseiller au Conseil d'Artois, le 7 octobre 1727. Il récréanta la bourgeoisie d'Arras, le 30 juillet 1728, et épousa le 24 août 1733, Marie-Thérèse-Angélique *Guérard de Bazincourt*, fille de Charles, écuyer, conseiller au Conseil d'Artois, et de Brigitte *Routart*.

    GUÉRARD : *de gueules, à trois croissants d'or, 2 et 1*, aliàs : *de gueules, à trois croissants mal ordonnés d'argent.*

    ROUTART ; *d'azur, à une roue d'argent, ardente de sept flammes au naturel; au chef d'argent chargé de trois étoiles de gueules, à six rais.*

    De ce mariage vinrent, à ce que nous croyons :

    a. ALDEGONDE-JULIE, mariée à Philippe-Marie-Joseph *Quarré du Repaire*, chevalier, seigneur de Lespault, puis d'Hermaville. Il portait : *d'azur, au chevron d'argent, chargé sur son extrémité supérieure de deux merlettes affrontées de sable, et accompagné de trois besans d'or, deux en chef et un en pointe.*

    Nous avons relevé l'épitaphe de ces deux époux; elle se trouve dans l'église d'Hermaville, contre le mur à gauche; nous la reproduisons ici :

Priez pour les âmes
de Messire MARIE-JOSEPH
QUARRÉ, décédé le 11
août 1795, âgé de 63 ans,
époux de dame Julie
DUBOIS DEOVES
D'HERMAVILLE, décédée le 10
7bre 1819 âgée de 86 ans
et de leurs fils MAURICE
HUBERT JOSEPH décédé le 23
août 1806 âgé de 51 ans
et CHARLES FERDINAND
JOSEPH décédé le 27
Juillet 1812 âgé de 41 ans.
Requiescant in pace. Amen.

b. ALEXANDRE-CHARLES, écuyer, capitaine au service de France, surnommé le *chevalier* D'HAUCOURT ?

Nous ignorons ce que devinrent le fils d'ANTOINE GUILLAUME *du Bois de Hoves*, et les autres membres de son *rameau;* tout ce que nous savons, c'est que, dans la première moitié de ce siècle, le château de Duisans appartenait à M. LAROCHE, époux de Marie-Thérèse *du Bois de Hoves de Fosseux,* petite-fille de Philippe-*Ferdinand*, oncle d'Antoine-Guillaume.

B. ANTOINE-ANDRÉ-JOSEPH, dit *d'Haucourt*, écuyer, seigneur de Bergneuse, etc., lieutenant au régiment de la Reine, récréanta la bourgeoisie d'Arras, à la paroisse de S\u1d57-Géry, le 22 mars 1729. Il fut tué à l'affaire de Plaisance en Italie.

Dans une signification datée du 14 juillet 1733, on trouve :

1° Ferdinand *du Bois,* écuyer, seigneur de Fosseux ;

2° Louis-François *Du Bois,* écuyer, sg\u02b3 de Lassus et d'Hermaville ;

3° Antoine-Guillaume *Du Bois,* écuyer, sg\u02b3 de Duisans, conseiller du Roy au Conseil provincial d'Artois ;

4° Antoine-ANDRÉ-Joseph *Du Bois,* son frère, écuyer, sg\u02b3 de Bergneuse, lieutenant au régiment de la Reine.

———

Dans une pièce, datée du 10 juin 1728, faisant partie de la procédure se rapportant au procès fait lors du partage de la succession d'Antoine *du Bois de Hoves* et de Jeanne *Galbart,* son épouse (voir ci-devant : p. 41), on trouve :

« Dame Marie-Joseph *Mathon* (1), veuve d'An-
» thoine-François *du Bois,* escuyer, sg\u02b3 d'Haucourt,
» mère et tutrice de :

  » André-Joseph *du Bois,* escuyer, seigneur de
  » Bergueneuse;

  » Anthoine-Guillaume *du Bois,* escuyer, seigneur

———

(1) Aliàs : MALHON.

> » d'Hocquincourt, conseiller du Roy en son Conseil
> » d'Artois. »

4° CHARLES, prêtre, chanoine régulier de St-Augustin, baptisé le 7 août
166: :

5° LOUIS-FRANÇOIS, écuyer, seigneur de Lassus et d'Hermaville, baptisé
le dernier septembre 1669, fut d'abord cornette au régiment de Mauroy,
puis premier capitaine au régiment du prince *de Berghes* au service de
Sa Majesté Catholique, Philippe V, roi d'Espagne, souverain des Pays-Bas
Voici ce que nous lisons à son propos dans un Mémorial de famille :

« Le Sr *de Lassus*, cadet de tous les enfants, sept à huit mois après la
» mort du père voulut épouser une fille de Bruxelles, la mère qui crut que
» ce parti ne convenoit pas s'y opposa : de là procès. »

« En suite de son mariage, il demanda une dot aux termes du testament
» mutuel de 1672 — passa à de secondes noces sans le consentement de la
» mère, six mois après la mort de sa première femme, décédée le 2 janvier
» 1705. »

« La mère soutenant que les enfants qui avoient du bien n'étoient pas
» recevables à demander une dot. Le Sr *de Lassus* vouloit la même dot
» que les autres enfants ; que la dame *du Liez*, sa sœur, qui avoit eu 1500
» livres par an, et le Sr *d'Aucourt* qui avoit eu la charge de conseiller au
» conseil d'Artois qui valoit autant. Le Sr *de la Movardrie* qui n'étoit pas
» encore marié intervint au procès pour demander une pension. — Juge-
» ment du 6 juillet 1706 accordant 1200 livres au Sr *de Lassus* et au Sr de
» la Movardrie 1.000 livres s'il quittoit le domicile de sa mère et 600 livres
» tant qu'il resteroit chez elle. »

« Appel du Jugement. Le Sr *de Lassus* disant qu'il y avoit 24,300 livres
» de revenu ; que la mère avoit des effets pour 100,000 livres et 60,000
» livres en argent. »

Louis *du Bois de Hoves* épousa, en premières noces, à Bruxelles, le 12
avril 1704, Marie-Françoise-Josèphe *de Meera*, fille de Jean-Baptiste *de
Meera*, résident de Son Altesse Royale le duc de Lorraine, à Bruxelles, et
d'Antoinette *de Ruyter;* elle mourut en couches, à Arras, le 4 janvier 1705,
après avoir donné naissance à une fille.

DE MEERA : *d'argent, à trois merlettes de sable.*

Le nom de cette famille anversoise se trouve écrit parfois : DE MÉRAT :
nous devons ses armoiries à Mr Alf. GOOVAERTS, bibliothécaire-adjoint de la
ville d'Anvers.

En juillet 1705, Louis *du Bois de Hoves* se remaria avec Anne-Josèphe *de
Llano-Velasco*, fille de don Juliano, chevalier, et d'Anne-Claire *le Febure,*
de la même famille que Mrs les barons *le Febvre* et Mrs *le Febvre-Rose* de
Tournai, et *le Febvre-Mulle*, de Warcoing. Anne *de Llano-Velasco* avait
pour ses huit quartiers de noblesse :

DE LLANO-VELASCO, *de Mendieta-Campo*, DE ALLOZ, *Lootz ;*
LE FEBURE, *van Caverson*, LE MIRE, *van Doorne.*

Elle portait : *Huit points d'or équipollés à sept points de vair.*

LE FEBURE : *de gueules, au chevron d'or, accompagné, en chef, de deux quintefeuilles d'argent, percées d'or, et, en pointe, d'un maillet d'argent penché vers le flanc dextre de l'écu.*

Louis *du Bois de Hoves* fut relevé de son omission de récréanter la bourgeoisie avant de se marier, moyennant cent francs, le 29 novembre 1707. Sa deuxième union ayant été stérile, Louis *du Bois de Hoves* épousa en troisièmes noces, le 20 mai 1752 (ou, peut-être, 1732?), Marie-Barbe-Natalie *Mullet*, fille de Jean François *Mullet*, écuyer, et de Marie-Dominique *Hanotel ;* de cette troisième femme, il eut une fille. L'acte du mariage de *Louis-François* avec Mlle *Mullet* fut fait à Montenescourt, en Artois, puis fut transcrit sur les registres de la paroisse de St-Aubert, à Arras. MULLET portait : *écartelé*, aux 1 et 4 : *de sinople, au chevron d'or, accompagné de trois têtes de mulet d'argent ;* aux 2 et 3 : *d'argent, à une aigle de sinople, becquée et membrée de gueules.*

6° MAXIMILIEN-JOSEPH, prêtre, religieux de l'ordre de St-Benoît à St-Waast d'Arras, baptisé le 1er août 1672.

7° ELÉONORE-ALDEGONDE mariée à Arras par contrat du 24 janvier 1693, et religieusement en la paroisse de St-Jean en Ronville (1), le 27 du même mois, à Jean-Philippe *de Bacquehem*, chevalier, seigneur du Lietz, Douvrin, la Vallée, Pont à-Beuvry, etc., mort le 15 janvier 1745, fils de Jean-François *de Bacquehem*, chevalier, et de Marie-Jeanne de Nédonchel ; il portait : *d'or, fretté de gueules*, qui est DE NEUVILLE-BACQUEHEM, au franc-quartier : *de sinople, à la fasce d'argent, chargée de trois merlettes de sable*, qui est DE BOUBAIS. Au contrat de mariage des dits époux assistèrent :

Du côté de J.-P. DE BACQUEHEM : Marie-Jeanne *de Nédonchel*, sa mère, veuve de Jean-François *de Bacquehem ;* Charles-Alexandre-Joseph *de Bacquehem*, son frère ; Louis *de la Tramerie*, son cousin ; Alphonse-François *de Beaufremez du Roseau*, son bel-oncle.

Du côté d'Eléonore-Aldegonde DU BOIS DE HOVES : Antoine *du Bois*, seigneur de Duisans, la Hermaville, conseiller du Roi au Conseil d'Artois, son père ; Jeanne *de Galbart*, sa mère ; Antoine *Dubois de Hove*, chever président au parlement de Tournai, Philippe-Ferdinand *du Bois*, Ecuyer, Sgr de la Movardrie, Antoine-François *du Bois*, Ecuyer, Sgr d'Haucourt, Louis-François *du Bois*, Ecuyer, Sgr de Lassus, cornette au régiment de MAUROY, ses frères ; et Demoiselle Jacqueline *de Galbart*, veuve de feu Sieur *Boiroud*, sa tante maternelle.

Eléonore eut promesse de 50,000 livres en mariage. Jean-Philippe *de Bac-*

(1) Voir ci-après : Annexe 8.

quehem, né le 16 juin 1669, était membre de la noblesse aux Etats d'Artois et lieutenant au régiment de cavalerie D'HUMIÈRES par brevet du 20 août 1688.

Dans une note faite après son décès, on lit : « La douairière du Liez est » bien en estat asseurément de soutenir ses enfans puisnés puisque par » son douaire coutumier, elle jouit de la moitié des biens de son mari » outre qu'elle avoue dans ses escrits au procès de la gouvernance au sujet » de ses nippes qu'elle étoit riche quand elle épousa Mr du Liez ; elle » avoit, dit-elle, comme on est en état de prouver pour cent mille francs » de biens en fonds, onze mille francs en capital sur l'hôtel de ville de » Paris, pour plus de six mille francs de meubles et vingt mille francs, » argent comptant. »

En suite d'un arrêt du Parlement de Paris, Madame *de Bacquehem* dut rapporter à la masse de la succession de ses père et mère, les bijoux qu'elle avait reçus au moment de son mariage : « les croix, bagues et Saint-Esprit » de diamans, le collier de perles, deux flambeaux, deux boettes, l'Ecuelle » d'argent et la montre à boette d'or, ou leur valeur. »

Eléonore-Aldegonde *du Bois de Hoves*, qui était née le 5 septembre 1665, mourut à Douai, paroisse de St-Pierre, à l'âge de 82 ans, le 2 septembre 1752 ; elle avait eu de son mariage une postérité nombreuse représentée de nos jours par les marquis *de Bacquehem*, en Autriche, les *Ysebrant de Lendonck* et *de Difque*, en Belgique, et les *de Rollin*, à Douai.

Le comte François-Joseph DE SAINT-GÉNOIS DE GRANDBREUCQ, dans ses *Monuments anciens*, tome II, page 124, dans la partie intitulée : *Archives à Lille*, rapporte l'épitaphe de Jean-Philippe *de Bacquehem*, laquelle se trouvait autrefois dans l'église de St-Pierre, à Douai ; nous la reproduisons ici, non telle qu'il la donne, mais telle que nous l'a communiquée Mr le chevalier Amédée *de Ternas*.

BACQUEHEM	Armoiries des DE BACQUEHEM et des DU BOIS DE HOVES, accolées.	NÉDONCHEL
CARETTE	—	BERGUES
	SÉPULTURE	
	de très noble et très illustre sgr	
BEAUFREMEZ	MESSIRE JEAN PHILIPPE DE BACQUEHEM,	MASSIET
	chevalier, seigneur du haut et bas Liez	
	Pont à Beuvry, Drouvin, Lavallée, etc., etc.	
LA CHAPELLE	décédé le 15 janvier 1745	ASSIGNIES
	et de Dame	
	ELÉONORE ALDEGONDE DUBOIS DE HOVES	
LE VASSEUR	son épouse décédée le 2 7bre 1752	LANNOY D'ESPLECHIN
	inhumé dans l'église	
	des Sœurs Clarisses de cette ville	

BOFLE	et de Messire	COTTREL
BÉTHENCOURT	ANTOINE PHILIPPE DE BACQUEHEM, leur fils aîné seigneur desdits lieux décédé le 17 8bre 1748	DU CHASTEL DE LA HOWARDRIE
BRUGANTIN	inhumé dans la chapelle St Maurant dans l'église de St Amé. Priez Dieu pour leurs âmes.	AVEROULT

Dans l'épitaphe, au lieu de *Drouvin*, il faut lire : *Douvrin*, et dans les quartiers, au lieu de BRUGANTIN ou BRUGANDIN, il faut lire : BREUC-AUDIN.

XI. PHILIPPE-FERDINAND *du Bois,* dit *de Hoves* et *de Fosseux,* écuyer, seigneur de la baronnie de Fosseux, de la Mouvardrie, etc., récréanta la bourgeoisie d'Arras, le 17 octobre 1687, et épousa, le lundi 21 *août* 1741, ayant plus de 75 ans, Françoise *Manchon,* fille de Hiérosme *Manchon,* écuyer, commissaire des guerres au département d'Arras, et de Suzanne *Pavard.* De ce mariage naquit un enfant unique :

MARIE-ANTOINE-FERDINAND, écuyer, qui suit, XII.

Selon DE LA CHENAYE-DESBOIS, le contrat de mariage de *Philippe-Ferdinand* fut passé le 23 décembre 1740 (1); nous devons la date que nous donnons, pour le mariage, à l'obligeance de M. le chevalier Amédée LE BOUCQ DE TERNAS.

XII. FERDINAND-MARIE-ANTOINE ou MARIE-ANTOINE-FERDINAND *du Bois de Hoves de Fosseux,* écuyer, seigneur de Fosseux, la Mouvardrie, etc., résida au château de Fosseux, près de Beaumetz-les-Loges, en Artois; né à Arras, le 14 décembre 1742, il fut présenté pour être reçu écuyer ordinaire du Roi (2).

(1) Selon D'HOZIER, *Armorial général,* 5e registre, p. 145 : *le 23 décembre* 1740, également.
(2) D'HOZIER. *Armorial général de France.* Paris. Didot. 1867. *Cinquième registre,* p. 145.
Selon une communication de Mr Benoît *du Bois de Hoves de Fosseux,*

On le voit figurer comme témoin à un décès d'un membre de la famille *de Boulogne*, à Planques, lez-Douai, le 18 mai 1770, après avoir épousé vers 1769, Marie-Jeanne-Thérèse *de Boulogne*, fille d'Antoine Joseph *de Boulogne*, écuyer, seigneur de Beaurepaire, Lauwin-Planques, Noyelles-lez-Hesdin, etc., et de Marie-Thérèse *Lallart*.

BOULOGNE portait : *d'argent, à la bande de sable, accompagnée de trois lionceaux de sinople, lampassés de gueules et couronnés d'or, dont deux en chef posés dans le sens de la bande* (mais rampant), *et un en pointe*.

LALLART : *d'or, au chevron de gueules, accompagné, en chef, de trois étoiles de sable à six rais, rangées en fasce ; et, en pointe, d'un croissant du même*.

Ferdinand *du Bois de Hoves de Fosseux* se distingua par une très-grande activité dans les fonctions de secrétaire perpétuel de l'Académie d'Arras ; il fit aussi partie du Cercle poétique de Valmuse, société formée par des membres de la noblesse douaisienne (1). En 1790, il fut nommé maire d'Arras, position dans laquelle il fut réinstallé en 1793 et qu'il occupa jusqu'au 13 mars 1794, époque où il fut arrêté comme ci-devant noble et incarcéré sur l'ordre de Joseph *Lebon*, prêtre défroqué et agent de la Terreur en Artois (2). Il eut le bonheur inouï de voir la fin du

la date serait 1752, mais nous pensons que ce dernier chiffre pourrait bien être dû, soit à une mauvaise lecture, soit à une mauvaise copie de l'acte de baptême original.

(1) *Mémoires de la société d'Agriculture, Sciences et Arts de Douai.* Tome IX (1866-67), p. 162.

(2) *Dictionnaire historique et archéologique du Pas de Calais.* Arras. Sueur-Charruey. 1873. *Arrondissement d'Arras.* T. I, pp. 40, 41 et 230.

règne de ce tigre atrébate, auquel il survécut assez longtemps, car il mourut à Paris, le 29 décembre 1817, âgé de 75 ans (1).

Du mariage de Ferdinand *du Bois de Hoves* et de Marie-Jeanne-Thérèse *de Boulogne,* sont nés les enfants qui suivent :

1° ANTOINE-FERDINAND, écuyer, né en 1770, décédé à Paris, en 1808, sans alliance.

2• MARIE-JEANNE-FRANÇOISE, née en 1772, décédée à Paris, en juin 1848, après avoir épousé, en 1799, Mr *Baudelet,* mort en 1817. Elle a eu deux enfants :

> A. Une fille décédée en 1817.
>
> B. MAXIMILIEN-FERDINAND *Baudelet,* baron DE LIVOIS, né vers 1802, marié en 1827, aujourd'hui (1876) domicilié au château de Thilloy, lez-Mofflaines, près d'Arras.

3° MARIE-THÉRÈSE, née vers 1774, morte à Arras, vers 1850, mariée à Fosseux, en 1795, avec Mr *Laroche,* mort au château de Duisans, près d'Arras, en 1840. De ce mariage, sont venus deux fils et une fille, savoir :

> A. N. *Laroche,* décédé à Paris en 1826, sans alliance.
>
> B. N. *Laroche,* demeurant au château de Duisans, lez-Arras.
>
> C. N. *Laroche,* mariée, en 1813, à Duisans, avec N. *Daveluy* (1), d'Amiens.

4° SUZANNE, née en ...., décédée à Arras, sans alliance, en 1794.

5° MARIE-LOUIS-BENOIT, écuyer, qui suit, XIII.

6° MARIE-GHISLAIN-JOSEPH, écuyer, né en 1779, décédé à Paris, en 1850, épousa à Amiens, vers 1806, Marie-Céline *Daveluy,* décédée à Paris. De ce mariage, il reste plusieurs enfants ; parmi les fils, deux sont mariés, l'un n'a pas de postérité et l'autre, MARIE-JOSEPH-GUSTAVE, écuyer, n'a que des filles ; ce dernier fut, durant un certain temps, notaire à Paris.

---

(1) La vie de Ferdinand *du Bois de Fosseux* a été insérée par Mr *Laroche* (son gendre, sans doute?), dans le tome XIX des *Mémoires de l'Académie d'Arras,* ouvrage que, malheureusement, nous n'avons pu avoir à notre disposition.

(2) Une famille D'AVELUS ou D'AVELUY, originaire du Nord de la France, portait : *d'argent, au lion de gueules, lampassé d'azur, à la bordure dentelée d'or* (aliàs *d'azur), autour de l'écu.*

14

XIII. Marie-Louis-Benoit *du Bois de Hoves de Fosseux*, écuyer, résida au château de Fosseux, où il mourut le 4 décembre 1852. Il naquit à Arras, le 17 juillet 1777, et épousa à Amiens, en 1804, Marie-Elisabeth-Félicité *Daveluy*, qui mourut à Fosseux, le 14 novembre 1849.

De ce mariage :

1° Marie-Céline-Félicité-Ferdinande, née le 8 novembre 1805, mariée à Amiens, le 12 mai 1835, avec Marie-Jean-Baptiste-Julien *Saulnier de la Pinelais*, écuyer, décédé à Barly, arrondissement d'Arras, le 8 novembre 1868. De ce mariage, sont nés un fils et une fille.

Saulnier de la Pinelais : *d'azur, à trois poissons d'or, posés en fasce, l'un au-dessus de l'autre.*

2° Marie-Nicolas-Benoit, écuyer, qui suit, XIV.

3° Marie-Thérèse-Sidonie, née en mars 1810, décédée à Amiens, religieuse du Sacré-Cœur, le 22 juillet 1853.

4° Marie-Joséphine-Jenny, née le 14 octobre 1811, décédée à Paris, le 14 octobre 1840, étant religieuse du Sacré-Cœur.

5° Marie-Joseph-Louis, écuyer, mort à Amiens, le 25 février 1816, âgé de dix-neuf mois.

6° Marie-Antoine-Eugène, écuyer, né le .. janvier 1817, marié à Compiègne, le 27 février 1854, avec Isabelle *Villette*. Il habite le château de Verneuil-sous-Coucy, dans le département de l'Aisne, et à de son mariage, les enfants qui suivent :

        A Marie-Eugène-Henri, écuyer, né à Compiègne, le 14 septembre 1856.

        B. Marie-Aline-Sidonie, née au même endroit, le 25 décembre 1857.

        C. Marie-Augustine-Pauline, née aussi à Compiègne, le 3 juillet 1859

        D. Marie-Victor-René, écuyer, né à Verneuil-sous-Coucy, le 25 janvier 1861.

7° Marie-Augustin-Aimé, écuyer, né le .. mars 1819, marié à Paris, le 31 juillet 1855, avec Anne-Marie *Oudin de Bry,* qui portait : *d'azur, au daim d'argent,* et qui est décédée à Paris, en mars 1862. Mʳ Augustin du Bois de Hoves de Fosseux habite le château de Macquelines, lez-Betz, arrondissement de Senlis, département de l'Oise ; il a retenu, de son mariage, un fils et une fille, savoir :

A. Marie-Jeanne-Louise, née à Paris, le 28 octobre 1856.

B. Marie-Eugène-Raoul, écuyer, né à Paris, le 2 novembre 1858.

XIV. Marie-Nicolas-Benoit *du Bois de Hoves de Fosseux*, écuyer, domicilié au château de Fosseux, naquit le 12 mai 1807 et se maria, le 24 mai 1842, à Amiens, avec Alexandrine *Beaucousin*, décédée dans la même ville, le 24 juillet 1866. De ce mariage, sont venus :

1º Marie-Benoît-Victor-Ferdinand, écuyer, qui suit, XV.

2º Marie-Alexandrine-Félicité, née à Amiens, le 6 janvier 1847.

XV. Marie-Benoît-Victor-Ferdinand, écuyer, né à Amiens, le 9 mars 1843, héritier aîné de la famille du Bois de Hoves.

GÉNÉALOGIE DE LA FAMILLE

DU VERNAY DU PLESSIS[1]

FAMILLE DE PARIS, ORIGINAIRE DE LAVAL

ARMES : *d'azur, au chevron d'or, accompagné en chef de deux étoiles du même, à cinq rais, et en pointe d'une licorne d'argent, galopant de dextre à sénestre. L'écu timbré d'une couronne de Marquis, surmontée d'un casque d'argent, taré au trois-quarts grillé de cinq grilles d'or, liseré, colleté et couronné du même, fourré d'azur, assorti de ses lambrequins d'azur et d'or.* Cimier : *une tête et col de licorne d'argent.* Supports : *deux licornes d'argent, affrontées.* Devise : PATIENTIA, *de gueules, sur un listel d'argent.*

I. Noble homme RENÉ *du Vernay*, seigneur de Langellerie, vivant en 1678 *(Titre original)*, laissa trois enfants, savoir :

1° GUICHARD-JOSEPH *du Vernay*, conseiller, Médecin ordinaire du Roi, Professeur en anatomie chirurgicale aux Jardin royal des Plantes et de l'Académie royale des sciences, mort le 10 septembre 1730, à l'âge de 82 ans.

---

(1) Généalogie extraite des *Archives de la Noblesse et du Collége héraldique de France,* des *états-civils de* TOURNAI, LILLE, MONS, HORNU, WASMES, WARQUIGNIES, BRASMENIL, HAVAY, etc., et des *Registres des baptêmes de Kot-Komensi,* à *Kotki* (Pologne russe).

Patientia

du Vernaij du Plessis.

2° JEAN, qui suit, II.

3° ANDRÉ *du Vernay*, gouverneur des pages de Son Altesse le duc d'Orléans, en 1699 (Titre original).

4° VALENTIN *du Vernay de Niceville*, Ecuyer du Roi, inhumé à Versailles en 1710.

II. JEAN *du Vernay*, écuyer, seigneur de Verta-mont, capitaine des vaisseaux du Roi, en 1709, épousa François *Maquart (Titre original)*, dont :

1° NICOLAS, qui suit, III.

2° MARIE-ANNE *du Vernay*, vivant en 1724 (Titre original).

III. NICOLAS *du Vernay du Plessis*, écuyer, né vers 1690, et marié à Madeleine-Charlotte *Catterby*, fille d'André *Catterby*, chef ordinaire du gobelet du Roi *(Titre original)*.

Il eut de ce mariage deux enfants, savoir :

1° RENÉ-FRANÇOIS *du Vernay du Plessis*, écuyer, gendarme de la garde du Roi, né vers 1727, épousa à Paris, le 24 janvier 1757, Marie-Louise *Biquet*, fille de Maître Martin-Louis-Michel *Biquet* et de dame Françoise-Adélaïde *Baudouin* (Titre original) (1).

2° JEAN-BAPTISTE *du Vernay*, écuyer, échevin de la ville de Paris en 1757, 1758 (2).

Nicolas *du Vernay du Plessis* épousa en secondes noces, Madeleine-Hélène *Champau* ou *Champeau*, dont il eut :

3° PIERRE-LOUIS-FRANÇOIS-JOSEPH *du Vernay du Plessis*, écuyer, qui suit, IV.

---

(1) M᷈ le vicomte DE MAGNY termine sa généalogie des *du Vernay du Plessis* par N. *du Vernay du Plessis*, officier de cavalerie, fils de René-François et de Madeleine-Hélène *Champeau*, sa seconde épouse; or, toutes les pièces que nous avons eues entre les mains et qui se rapportent à Pierre-Louis-François-Joseph *du Vernay du Plessis*, le disent fils de *Nicolas* et de Madeleine-Hélène *Champeau*. Nous avons suivi cette dernière solution généalogique car elle est confirmée par l'acte de décès du dit Pierre-Louis-François-Joseph *du Vernay du Plessis*.

(2) BOREL D'HAUTERIVE. *Annuaire de la Noblesse de France*, 1859, p. 414.

15

IV. Pierre-Louis-François-Joseph *du Vernay du Plessis*, écuyer, né vers 1754, était officier de cavalerie dans la garde du roi Louis XVI, lorsque la Révolution éclata. Après la mort de son souverain, il émigra en Belgique, puis en Russie; il habita l'Allemagne pendant les guerres de l'Empire et fut inspecteur de haras. En 1813, Pierre *du Vernay du Plessis* quitta Hambourg, où il demeurait depuis plusieurs années, pour venir se fixer à Tournai; puis, le chef de la maison de Bourbon étant remonté sur le trône de France, il obtint, en sa qualité de chevalier de l'Ordre Royal et Militaire de Saint-Louis, une pension sur la cassette du roi Louis XVIII, et pour jouir de cette pension, il alla habiter Maubeuge, qu'il quitta après la mort de sa femme pour venir à Lille, où son fils Alphonse était négociant; c'est dans la maison de ce dernier qu'il mourut, âgé de quatre-vingt-cinq ans (selon son acte de décès, qui le qualifie *chef de bataillon en retraite*), le 4 juillet 1839. Il avait épousé à , le Marie-Adélaïde-Dominique-Josèphe *du Bois*, dite *de Hoves*, veuve de Joseph-Albert-Marie *Harduin d'Hamel*, écuyer; née à Tournai, baptisée en la paroisse de St-Brice, le 31 juillet 1768, elle mourut à Maubeuge, le 12 juin 1830. Voir ci-devant, pages 34 et 35.

Pierre du Vernay du Plessis eut pour enfants :

1º Louis-François-Joseph *du Vernay du Plessis*, écuyer, qui suit, V.

2º Adélaïde, dite Adèle *du Vernay du Plessis*, qui, après avoir été modiste à Lille, alla se fixer à Paris, Quartier Montrouge; elle y demeurait en 1849.

3º Charlotte-Joséphine *du Vernay du Plessis*, née à Hambourg (Allemagne), le 22 juin 1803, morte à Lille, le 17 janvier 1855, épousa dans cette dernière ville, le 14 mars 1822, Louis-Joseph *Ysebrant de Difque*, dit *de Lendonck,* écuyer, chevalier de la Légion d'Honneur, ancien officier au service de France, mort à Lille, le 20 décembre 1849; il portait : *d'or, au castor au naturel, rampant en bande,* et était fils d'Idesbalde-François-Ghislain *Ysebrant,* seigneur de Difque et autres lieux, et de *Louise*-Charlotte *de Bacquehem,* petite-fille-d'Eléonore-Aldegonde *du Bois de Hoves de Duisans.* De ce mariage :

A. *Léonie*-Adèle-Charlotte YSEBRANT DE LENDONCK, née à Lille, le 31 décembre 1822.

B. *Céline*-Françoise-Augustine YSEBRANT DE LENDONCK, née à Lille, le 1ᵉʳ juillet 1824, mariée au même endroit, le 15 décembre 1851, avec Louis-Alexandre-Xavier-Alfred *le Vaillant de Jollain* (1), écuyer, maire de Bersée (en Pévèle), né dans cette commune, le 15 octobre 1816, fils d'Alexandre-André-Joseph-Marie *le Vaillant de Jollain,* écuyer, et de Catherine-Alexandrine-Josèphe *de Gouy d'Anserœul.* De cette union, vinrent :

a. *Ferdinand*-Alexandre LE VAILLANT DE JOLLAIN. écuyer, né à Lille, le 26 août 1852.

b. *Edmond-Anatole* LE VAILLANT DE JOLLAIN, jumeau du précédent, décédé à Lille, le 26 septembre 1852.

C. *Léonide*-Henriette-Julie YSEBRANT DE LENDONCQ, née à Lille, le 20 janvier 1826, décédée à Templeuve, lez-Dossemer, le 12 juillet 1874, mariée à Lille, le 18 juillet 1855, avec Victor-Ghislain DE FORMANOIR DE LA CAZERIE (2), écuyer, veuf avec deux fils, de Robertine-Valérie-Louise-Ernestine *de Preud'homme d'Haillies de Nieuport,* et fils de Pierre-Hubert *de Formanoir de la Cazerie,* écuyer, et de Charlotte-Joséphine *van de Kerchove d'Hallebast.* De ce mariage :

a. *Jeanne* DE FORMANOIR DE LA CAZERIE.

b. *Juliette* DE FORMANOIR DE LA CAZERIE.

D. *Louis*-Edouard-Gustave *Ysebrant de Lendonck,* écuyer, né à Lille, le 4 novembre 1828, marié à Molenbeeck-Sᵗ-Jean, lez-Bruxelles, le 11 mai 1859, avec Ermelinde-Marie-Caroline-Mathilde-José-

(1) LE VAILLANT DE JOLLAIN : *écartelé,* aux 1 et 4 : *de gueules, au soleil d'or, rayonnant,* qui est LE VAILLANT; aux 2 et 3 : *d'or, à deux lions adossés de gueules, armés et lampassés d'azur, les queues entrelacées en double sautoir,* qui est DE WAUDRIPONT.

(2) DE FORMANOIR DE LA CAZERIE : *d'or, fretté de sable.*

phine-Ghislaine *van Male de Ghorain,* fille de Josse *van Male de Ghorain,* chevalier, et de Pétronille *Popelaire de Terloo.* Van Male de Ghorain porte : *d'argent, à la tour crénelée de sable, portillée d'argent, surmontée de trois corneilles de sable, volantes en bande.* De ce mariage :

> *a. Berthe*-Ghislaine Ysebrant de Lendonck, née à Schaerbeek, lez-Bruxelles, le 1er juillet 1860.
>
> *b. Léonie*-Ghislaine Ysebrant de Lendonck, née aussi à Scharbeek, le 16 février 1864.

4° Albertine *du Vernay du Plessis,* modiste à Lille, puis mariée à Paris avec N. *Henry,* peintre sur verre.

5° Charles-Louis-Alphonse *du Vernay du Plessis,* écuyer, né à Hambourg (Allemagne), le 29 octobre 1811, marié à Lille, le 4 février 1838, avec Marie-Madeleine-Marine *Balet,* née à Saint-Just (Marne), le 5 mars 1809, fille d'Etienne-Théodore *Balet* et de Françoise-Marine *Lecointre.* Il fut négociant à Lille, rue de la Chaussée *(vers 1850-52),* puis alla s'établir à Saint-Omer. De son mariage sont venues :

> A. Adolphine-Eugénie-*Alphonsine* du Vernay du Plessis, née à Lille, le 27 novembre 1838.
>
> B. *Marie-Céline-Louise,* dite *Maria* du Vernay du Plessis, née à Lille, le 17 octobre 1841, y décédée vers 1852-53.

6° Hermann-Adolphe *du Vernay du Plessis,* écuyer, né vers 1813, était en 1849, lieutenant au 5me régiment de dragons, détaché à la remonte à Saint-Lô, département de la Manche, France. Il s'est marié et n'a eu, nous a-t-on dit, qu'un fils unique, infirme.

V. Louis-François-Joseph *du Vernay du Plessis,* écuyer, né à Kolki (Pologne russe), le 11 mai 1798, baptisé le lendemain en l'église paroissiale de Kot-Komensi, eut pour parrain : « *Magnifique Seigneur* Jean-François Gemboult, » et pour marraine : « *Noble Dame,* Thécla Welska » (1). A l'âge de quatorze ans, engagé volontaire dans l'armée française, il prit part à la désastreuse campagne de Russie.

(1) Son acte de baptême lui donne les noms de : *Louis-Joseph-François* du Vernet du Plessis. Voir Annexe 14.

Fait prisonnier, durant la retraite de la grande armée,
avec plusieurs de ses compagnons, il fut, comme eux,
complétement dépouillé par l'ennemi et abandonné
au milieu des plaines de l'Allemagne du Nord. Bien
que sans ressources et même presque sans vêtements,
le jeune *du Vernay du Plessis* parvint à regagner les
campements français et combattit encore en 1814,
époque où il fut grièvement blessé à la jambe droite.
De retour à Tournai, où son père habitait, il ne resta
dans cette ville que le temps nécessaire à sa guérison
et, la chute de l'empire français étant arrivée, il prit
du service dans l'armée des Pays-Bas dont il fit partie
jusqu'en 1830. Lorsque la Révolution belge éclata,
du Vernay du Plessis combattit avec les patriotes,
puis entra dans l'armée régulière et devint peu après
employé des douanes. Il mourut à Tournai, le 31 mai
1866, après avoir épousé à Hornu (Hainaut), le 25
octobre 1835, Amélie-Jules *Chevalier*, née à Mons, le
12 avril 1814, fille de Pierre-Jean-Joseph *Chevalier*,
orfèvre, natif de Mons, et d'Anne-Françoise *Melsnyder*, née aussi dans la même ville. De ce mariage,
sont nés onze enfants qui suivent :

1° *Pierre-Jean-Joseph*, dit LOUIS DU VERNAY DU PLESSIS, *écuyer, né à Wasmes* (Hainaut), *le 18 décembre 1835, mort à Tournai, le 27 mars 1862.*

2° JOSÉPHINE-Antoinette DU VERNAY DU PLESSIS, *née à Wasmes, le 13 juin 1837, mariée à Tournai, le 11 septembre 1858, avec Auguste Lefebvre, corroyeur, né à Tournai, le 15 juillet 1831, fils de Pierre-Joseph LEFEBVRE, fermier, rue Morelle, et de Joséphine-Amélie FRANÇOIS. Elle est morte à Tournai, le 4 avril 1872, laissant* QUATRE ENFANTS.

3° *François* DU VERNAY DU PLESSIS, *écuyer, mort jeune.*

4° JULES-Joseph DU VERNAY DU PLESSIS, *écuyer, né à Bramesnil* (Hainaut), *le 9 février 1839, mort à Tournai, le 17 septembre 1862.*

5° MARIA-Désirée DU VERNAY DU PLESSIS, *née à Havay, les-Paturages* (Hainaut), *décédée à Warquignies* (même province), *le 8 juillet 1845, étant âgée de trois ans et demi.*

6° ALPHONSE-Appollinaire-Joseph DU VERNAY DU PLESSIS, *écuyer*, *né à Warquignies* (Hainaut), *le 19 février 1844, décédé chez sa mère, rue de la Madeleine, N° 13, à Tournai, le 4 septembre 1874. Il avait épousé à Tournai, le 3 juillet 1869*, PAULINE-Ghislaine VAN HECKE (1), *née dans la même ville, le 15 août 1849, fille de* Félix VAN HECKE, *mort à Fives, lez-Lille, et de* PAULINE-Aimée-Marie MAYER.

Pauline VAN HECKE s'est remariée à Tournai, le 12 février 1876, avec Gustave *Lepreux*, domicilié à Péruwelz ; elle a eu de son premier mariage :

A. ALPHONSINE-AMÉLIE-PAULINE-MARIE-GHISLAINE, dite GABRIELLE *du Vernay du Plessis*, née à Tournai, le 25 juin 1870.

7° AMÉLIE-MARIE, dite MARIA *du Vernay du Plessis*, née à Tournai, le 29 septembre 1849, mariée dans la même ville, le 13 novembre 1875, avec Henri *Varvenne*, employé chez Mr LEFEBVRE-ROSE, né au dit Tournai, le 6 février 1842, fils d'Henri-Joseph et de Marie-Martine *Duprez*.

8° GUSTAVE-Henri DU VERNAY DU PLESSIS, *écuyer*, *né à Tournai, le 31 mai 1851, mort dans la même ville, le 27 février 1852*.

9° Césarine-LOUISE DU VERNAY DU PLESSIS, née à Tournai, le 11 juin 1852.

10° Alidor-THÉOPHILE-Joseph DU VERNAY DU PLESSIS, *écuyer*, *né à Tournai, le 24 novembre 1854, y décédé le 10 mai 1858*.

11° THÉOPHILE *du Vernay du Plessis*, écuyer, qui suit, VI.

VI. THÉOPHILE *du Vernay du Plessis*, écuyer, chef de la famille, né à Tournai, le 8 septembre 1860, employé au télégraphe audit Tournai ; sa signature devrait être : *du Vernay du Plessis-Vertamont*.

(1) Une famille VAN HECKE portait : *de sinople, à trois chevrons d'or*.

APPENDICE

Annexe 1.

Dossier de la famille DU BOIS DE HOVES, fourni par M. le vicomte Ludovic DE MAGNY, directeur des Archives de la Noblesse et du Collége héraldique de France, rue Laffite, 46, à Paris.

DOCUMENTS GÉNÉALOGIQUES

1° *Généalogie imprimée de la famille* DU BOIS DE HOVES, signée par D'HOZIER, remontant l'origine de cette famille en 1080 et la filiation en 1515; elle va jusqu'en 1740 et comprend les branches D'HAUCOURT et DE LASSUS.

2° Notice généalogique manuscrite ancienne comprenant six degrés de filiation de 1080 à 1370.

CHARTES

1705. Lettre d'Etat relative au sieur *d'Haucourt,* du Régiment royal des Carabiniers.

1767. Ordre d'arrestation contre le chevalier *d'haucourt?*

1774. Supplique adressée au Roi par ALEXANDRE-CHARLES *d'Haucourt,* Capitaine?

Annexe 2.

Dossier de la famille DU VERNAY DU PLESSIS, fourni par M. le vicomte Ludovic DE MAGNY.

CHARTES

1678. Sentence des requêtes du palais en faveur de RENÉ *du Vernay,* seigneur de Langellerie, à Paris.

1699. Sentence de la vicomté de Paris pour l'élection d'un tuteur; on y trouve mentionné comme conseil, ANDRÉ *du Vernay,* Escuyer, gouverneur des pages de Son altesse royale le duc d'Orléans.

1709. Mandat et procuration donnés par FRANÇOISE *Maquar* veuve de JEAN *du Vernay,* Ecuyer, seigneur de Vertamont, Capitaine des vaisseaux du Roi, en la ville de Paris.

1710. Procès-verbal d'inhumation en l'église de Versailles, fait en présence de VALENTIN *du Vernay de Neceville,* écuyer du Roi (1).

1724. Constitution de rentes de 160 livres sur l'hôtel-de-ville de Paris délivrée à Demoiselle MARIE-ANNE *du Vernay.*

1757. Promesse de mariage, à Paris, entre RENÉ-FRANÇOIS *du Vernay du Plessis,* gendarme de la garde du Roi, fils de NICOLAS et de feue MADELEINE-CHARLOTTE *Caterby,* et Demoiselle MARIE-LOUISE *Biquet,* fille de LOUIS-MICHEL et de Dame FRANÇOISE-ADÉLAÏDE *Baudoin.*

1758. Emprunt de 4,800,000 livres contracté au nom de la ville de Paris par JEAN-BAPTISTE *du Vernay,* écuyer, échevin de cette ville.

1782. Renonciation à succession faite à Paris avec l'assistance de JACQUES-PHILIPPE *Duvernay,* intéressé dans les affaires du Roi.

1795. Déclaration faite à Paris par ALEXANDRE-FRANÇOIS-ROGER *de Villers* et CATHERINE-DENISE *du Vernay,* son épouse.

Annexe 3.

Crayon généalogique concernant la famille DESCORNAIX, de Condé-sur-l'Escaut.

ARMES : *d'or, à un double trescheur de sinople, fleurdelisé et contre-fleurdelisé ; à un chevron de gueules brochant sur le tout.* Voir PLANCHE VIII.

La famille Descornaix, ou plutôt *d'Escornaix,* qui habitait Condé-sur-l'Escaut, est, sans aucun doute, une branche cadette ou naturelle de la grande maison DE GAVRE D'ESCORNAIX (aliàs : *van Schoorisse),* car on trouve dans l'*Armorial de Flandre,* etc., publié par M. BOREL D'HAUTERIVE, à la page 85 :

---

(1) Lisez : en présence du cercueil de Valentin *du Vernay de Niceville.* Cela doit être ainsi, si M. le vicomte DE MAGNY a bien mis la généalogie qu'il nous a communiquée, en parfait accord avec ses preuves.

135. – François DESCORNAIX, prestre, licentié en théologie et chanoine de Condé :

> d'or, à un double trecheur fleurdelisé de sinople, et un chevron de gueules brochant sur le tout.

Ces armoiries sont celles des seigneurs *d'Escornaix* issus des *de Gavre*.

———

I. N. *Descornaix* eut pour enfants :

1° FRANÇOIS-Joseph *Descornaix*, licencié en théologie, pasteur de la paroisse de St-Vaast à Valenciennes, fut parrain de son neveu François-Joseph *Descornaix*, que nous verrons plus loin.

2° ALBERT-Joseph, ou ALBERT-Benoît-Joseph *Descornaix*, qui suit, II.

3° JOSEPH *Descornaix*, religieux à l'abbaye de Marchiennes, fut parrain de sa nièce, Marie-Mélanie-Josèphe *Descornaix*, que nous verrons ci-après.

II. ALBERT-Joseph *Descornaix*, licencié ès-lois, avocat en Parlement de Flandre, trésorier-massard héréditaire de la ville de Condé, par l'achat qu'il fit de cette charge le 1er avril 1734 (1), devint plus tard échevin de Valenciennes, puis greffier criminel de cette ville. Il vendit sa charge de trésorier-massard, par acte du 28 novembre 1741, à M. David-François *le Page d'Obiessart*, pour une somme de 12,000 livres (2). Albert-Joseph *Descornaix* épousa Marie-Thérèse *Gilbert*, native de Valenciennes, qui lui donna pour enfants :

1° FRANÇOIS-Joseph *Descornaix*, né à Condé, le 31 août 1740, à cinq heures et demie de l'après-midi, baptisé le 1er septembre. PARRAIN : François Joseph *Descornaix*, licencié en théologie, oncle paternel; MARRAINE : Marie-Françoise *Gilbert*, de la paroisse de St-Nicolas à Valenciennes, tante maternelle.

---

(1) L'acte original constatant cet achat est conservé aux archives de Condé *(Communication de Mr CAILLE, secrétaire de la mairie de Condé)*.

(2) On trouve encore à Condé, dans le *livre des résolutions*, la copie de l'acte constatant cette vente *(Communication de Mr CAILLE)*.

2° Marie-MÉLANIE-Joseph *Descornaix*, née à Condé, le 17 septembre 1741, à neuf heures du soir, baptisée le 19 du même mois. PARRAIN : Joseph *Descornaix*, religieux à Marchiennes; MARRAINE : Dame Marie-Josèphe *Thirou*, née *Pamart*, épouse de Mr *Thirou*, échevin de Condé. MÉLANIE *Descornaix* épousa Antoine-Marie-Ignace Philippe-Joseph-Désiré DU BOIS, dit DE HOVES, que nous avons vu ci-devant page 33.

3° BARBE-ANTOINETTE-ALBERTINE *Descornaix*, née à Valenciennes, paroisse de Notre-Dame de la Chaussée, selon ce que nous croyons, fut marraine de son neveu, François-Louis-Joseph *du Bois*, dit *de Hoves*, baptisé à St-Brice de Tournai, le 28 décembre 1770.

4° ALBERTINE-BARBE-ANTOINETTE *Descornaix*, peut-être la même que la précédente dont les prénoms seraient alors intervertis, fut marraine de sa nièce, Albertine-Louise-Natalie-Josèphe *du Bois*, dite *de Hoves*, baptisée à Tournai, paroisse de St-Brice, le 11 septembre 1772.

5° MARIE-THÉRÈSE-JOSÈPHE *Descornaix*, mariée avec Mr *Mennessier Duplessis*, ou *Manessier du Plessis*, trésorier de Landrecies, receveur des finances du Roi dans la même ville. Elle fut marraine de sa nièce, Césarie-Marie-Josèphe *du Bois*, dite *de Hoves*, baptisée à Kain, le 19 août 1777.

MANESSIER : *d'argent, à trois hures de sanglier arrachées de sable*. Devise : AUT MORS, AUT VITA DECORA. Ces armoiries et devise sont attribuées par DE LA CHENAYE-DESBOIS, aux *Manessier* et aux DE LA FONS.

Annexe 4.

Lettres patentes accordant reconnaissance de noblesse à Antoine DUBOIS, seigneur de Duisans, extraites des Archives départementales du Pas-de-Calais.

PRÉFECTURE
DU
PAS-DE-CALAIS ARCHIVES DÉPARTEMENTALES

Extrait du registre aux Provisions, Comissions, lettres, sentences de noblesse et autres actes de l'Election provinciale d'Artois — 1675 à 1714.

LETTRES D'ANNOBLISSEMENT POUR Mre ANTOINE *Dubois*
DÉPUTÉ DES ESTATS D'ARTOIS.

Louis, par la grace de Dieu, roy de France et de Navarre a tous présens et advenir, salut. Nous avons toujours estimez que l'une des principales applications d'un monarque consistoit à recompenser dignement le merite et la vertu et a distinguer par des marques d'honneur ceux quy dans les

armes ou en d'autres professions honorables s'y sont rendus recomman-
dables par leurs services et par leur affection au bien de l'Etat. Pour cette
fin nous avons toujours pris grand soing, a l'exemple des Roys nos prédécesseurs d'eslever par tiltre de noblesse ceux de nos subjects quy possedent
ces belles qualités, et de ne distribuer ces graces qu'a ceux quy les ont
bien meritez. Et estant bien informé que notre et bien aimé Anthoine
Dubois, sieur de Duisant, depuis la reduction de l'Arthois a notre obeissance
s'est signalé en diverses occasions par un zèle tout particulier à notre
service et au bien des Estats de cette province d'Arthois dont depuis plusieurs années il est l'un des deputez generaux ordinaires et a esté honoré
de huit deputations près de nostre personne pour les dits Estats ; ces
advantages joints a la satisfaction que nous avons de sa bonne conduite et
de ses services, nous ont meu à lui donner un tesmoignage specieux en
l'annoblissant luy et sa postérité. Et comme dans cette pensée nous avons
apris *qu'il avoit dejà l'honneur d'estre issu d'une noble et ancienne famille
des Pays-Bas* appellée DUBOIS DE HOVES qu'il est fils de feu André Dubois,
vivant sieur de Haucourt et de damoiselle Rose de Vermeilles, fille de Simon
de Vermeilles escuier sieur de Vilers et petit-fils de Melchior Dubois aussy
sieur du dit Haucourt et de Dam^{le} Marie Despretz fille de Simon escuier
sieur de la Motte ; que le dit Anthoine Dubois, à l'exemple desdits ancestres
s'est allié noblement, ayant épousé damoiselle Jeanne Galbart fille de
Chrétien Galbart escuier sieur de hertignoeul dont les prédécesseurs ont eu
des employs considerables en Nostre royaume, aucuns desquelz ont esté
gouverneurs de place, mais que tous les tiltres et papiers de la dite maison
de Dubois ont esté pris et saisys par les officiers du roy Catholique après
la mort dudit André son père, arrivée en la ville de Douay pendant les
guerres commenchées en 1635, sur ce que ledit Anthoine son fils et héritier
demeuroit en France sans que Depuis il ayt jamais peu recouvrer aucuns
desdits tiltres, quelques soings et diligences qu'il y ait apporté. Sçavoir,
faisons, que nous, pour ces causes et autres bonnes considérations, avons
de Nostre propre mouvement, grace specialle, pleine puissance et authorité
royalle, *maintenu et confirmé,* et par ces présentes signées de Nostre main
maintenons et *confirmons* le dit Anthoine Dubois, sieur de Duisant, et sa
postérité née et a naistre en légitime mariage, en leur dite *anchienne
noblesse,* sans qu'il soit obligé d'en représenter les tiltres, dont attendu la
raison cy dessus Nous l'avons relevé et dispensé, relevons et dispensons
et mesme en tant que besoing est ou seroit de nos mesmes graces puissance
et authorité, *Nous l'avons avecq sa dite postérité masle et femelle née et a
naistre comme dict est, en legitime mariage, annobly et annoblissons et du
titre de noble orné et décoré, ornons et décorons,* Voulons et nous plaist
qu'en tous actes, assemblées, lieux et endroits, tant en jugement que
dehors, ils soient tenus et réputés comme nous les tenons et réputons
nobles et gentilshommes, ilz puissent prendre la qualité d'escuier, parvenir

à tous degrez de chevallerie tenir et posséder tous fiefs, terres, possessions et heritages nobles qu'ils ont acquis et pourront acquerir et quy leur sont escheus et pourront escheoir, à quelque tiltre que ce soit pour en jouir et disposer noblement, et en outre qu'ils jouissent des mesmes honneurs, privileges et prééminences, franchises, prérogatives et exemptions dont jouissent et ont accoustumé jouir les gentilshommes et gens extraits de noble race de nostre royaume, mesmement de Nostre comté d'Arthois et sans que pour raison de ce le dit Anthoine Dubois ny ses descendans soient tenus de nous payer ny a nos successeurs roys aucune finance ny indemp-nité, nous leur avons pour les mesmes considérations de dessus fait et faisons dont par ces dites présentes, leur permettant en oultre de prendre et faire mettre en leurs maisons en tous autres lieux et endroit qu'il con-viendra leurs armes timbrées et blasonnées telles et semblables qu'ilz ont accoutumé de porter lesquelles sont cy empreintes, a la charge toutefois de vivre noblement et sans déroger à la ditte qualité.

> *Armoiries coloriées des* DU BOIS DE HOVES, *d'azur, à trois coquilles d'or,* timbrées *d'un casque d'écuyer, orné de ses lambrequins et ayant pour cimier : un buste d'homme (sans bras) d'azur, les yeux bandés.*

Si donnons en mandement à nos amés et feaux les gens tenans nos cours de Parlement et chambre de nos comptes à Paris les gens tenans nostre conseil provincial d'Arthois : aux esleus du dit pays et à tous autres nos juges et officiers qu'il appartiendra, quy ces présentes ils aient à registrer et de tout le contenu en icelles faire jouir et user ledit Anthoine Dubois ensemble ses dits enffans et postérité masles et femelles nez et a naistre en loyal mariage, pleinement, paisiblement et perpétuellement, cessant et faisant cesser tous troubles et empeschemens quelconques, nonobstant tous édits reglements, déclarations, ordonnances, arrests, lettres et autres choses a ce contraires, auxquelles nous avons dérogé et dérogeons pour ce regard seulement, en faveur dudit sieur Dubois par ces dites présentes. Car tel est nostre plaisir. Et afin que ce soit chose ferme et stable a toujours, nous avons à ces présentes fait mettre nostre scel, sauf en autres choses notre droit et l'autruy en touttes. Donné à St Germain en Laye au mois de janvier l'an de grace mil six cent soixante dix sept et de nostre regne le trente quatrieme.

(Estoit signé) LOUIS. Et sur le Reply : Par le roy et signé : LE TELLIER ; et au costé sur le reply : *visa* DALIGRE et scellé du grand sceau de cire verte en soye verte et rouge.

Pour lettres de noblesse accordées à Anthoine Dubois, député d'Arthois.

(Signé) LE TELLIER.

A Messieurs

Messieurs les Esleus des pays et comté d'Arthois supplie très-humblement Anthoine Dubois, escuier, sieur de Duisant, Député général et ordinaire des

Estats d'Arthois disant que le roi a eu la bonté de luy accorder par les lettres patentes icy jointes la *confirmation de sa noblesse* avecq nouvel annoblissement autant que besoing, lesquelles je vous prie vouloir ordonner estre enregistrées aux registres de ceste élection et luy en donner acte pour luy valoir ou et ainsy que de raison et vous sera tres parfaitement obligé.

Signé : DUBOIS, avec paraphe.

En marge est écrit : Soit monstré au procureur du roi pour y dire sommairement. Dis 11 janvier 1678.

Le procureur du roy ayant veu ceste requeste et lettres d'annoblissement données de Sa Majesté à Sᵗ Germain en Laye au mois de janvier 1677, en aveux du remonstrant declare pour le roi, ledit procureur qu'il ne sçait cause pour empecher l'enregistrement d'icelles es registres de la dite Election, a quoy il consente estre fait pour par le dit remonstrant jouir et sa postérité de l'effect des dites lettres, selon l'intention du Roy et ainsy qu'il y est plus amplement exprimez. Se remettant néanmoins à la discrétion de la Cour. Du 12 de janvier 1678.

(estoit signé) MORANT.

Veues les Lettres de noblesse données par Sa Majesté à Sᵗ Germain en Laye au mois de janvier 1677, en faveur d'Anthoine Dubois, député ordinaire des Estats d'Arthois avecq le consentement du procureur du Roy couchée au marge de la requeste a ces fins présentée. La cour ordonne qu'icelles Lettres soient enregistrées es registre de cette Election pour jouir du contenu en icelles par ledit sieur Dubois et sa postérité, conformément aux intentions de Sa Majesté. Du 13 de janvier 1678.

(Signé) PLATEL, avec paraphe.

Sur le côté de la pièce que nous avons eue entre les mains, on lisait :

La légation d'Autriche à Paris certifie l'Authenticité de la signature ci-près du Ministère français des Affaires étrangères.

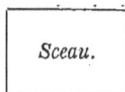

<table><tr><td>Sceau.</td><td>Paris, le 20 janvier 1856.
Pour la légation d'Autriche,
le conseiller de légation,
(Signé) OTTENFELS.</td></tr></table>

En dessous de cette attestation, aussi sur la marge, on voit :

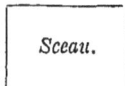

<table><tr><td>Sceau.</td><td>Paris, le 24 décembre 1855.
Vu au Mᵗᵈʳᵉ des Affaires Etrangères,
Pour le chef du Bᵉᵃᵘ de la chancellerie,
(Signé) DUBOIS.</td></tr></table>

18

Annexes 5, 6 et 7.

Certificats délivrés par Pierre-Albert DE LAUNAY, Roy d'Armes, et attestés véritables par les Bourgmestre, Echevins et Conseil de la ville de Bruxelles.

I. Je Pierre de Launay cheualier seigneur d'Oisel et de Fontaine gentilhomme de la Maison du Roy Catholique généalogiste et armoriste de ses royaumes et Estats et son premier et plus ancien Roy d'Armes et heraut prouincial de ces Pays-Bas. Certifie et atteste à tous qu'il appartiendra que la maison de DU BOS OU DU BOIS dit DE HOUE portant pour armes un escus *d'azur a trois coquilles d'or* ledit escus timbré et supporté de deux leuriers colletez d'azur bordez et annelez d'or est une des plus anciennes et nobles militaires, et cheualereuses du Pays et comté d'haynau, et pour telle reconnue dans la representation de son estat tant Eclesiastique que seculier et que d'ycelle est issue par succession de temps et et representation des personnes en ligne droite masculine Antoine du Bois Esquier seigneur de Duisans fils d'André du Bois et de Damoiselle Rose de Vermeille sa femme petit fils de Melchior du Bois sieur d'haucourt en partie et de damoiselle Magdelaine Despretz sa femme et arier petit fils de Ziger ou Zegrez du Bois dit de houes Esquier qui estoit en l'an 1565 conseiller assesseur du Roy et son lieutenant au baillage et gouvernance de Lille et de Damoiselle Jeanne de Bacquehem sa femme fille d'Adrien Esquier sieur d'haucourt en partie ainsi qu'il mest apparu par les registres memoires et notices genealogiques que j'ay dans mon office de toutes les maisons et familles nobles desdits Pays comme aussy par deux extraits Baptismaux deüement verifiez et legalisez contenant que *ledit André étoit fils dudit Melchior et de la ditte damoiselle Rose de Vermeille* (1) et comme c'est juste et raisonnable de donner témoignagne de la vérité a la requisition de ceux qui y ont interest j'ay a celle d'Antoine du Bois susdit donné ce présent sous mon seing et le sceau de mon dit office pour luy servir et valoir où il trouvera conuenir ce que de rayson. Fait à Bruxelles le 14me de 7bre 1679.

scellé du SCEAU *du dit office.* — *(Estoit signé)* DE LAUNAY.

(1) DE LAUNAY a voulu dire : *ledit Antoine estoit fils dudit André et de la ditte damoiselle Rose de Vermeille*, mais il s'est embrouillé dans son jargon héraldique.

II. Armoiries de la famille DU BOIS, dite DE HOVES.

d'azur, à trois coquilles d'or. Supports : *deux léuriers colletez d'azur bordé et annelé d'or, bourlet d'or, cimé d'une coquille d'or entre un vol à dextre d'azur et a senestre d'or, lambrequins d'or et d'azur.*

Je pierre Albert de Launay cheualier seigneur d'Oysel et de fontaine gentilhomme de la maison du Roy genealogiste et armoriste de ses Royaumes et Estats et son premier Roy d'armes et heraut de ce Pays bas. Certifie et atteste à tous qu'il appartiendra que la maison de du Bos autrement du Bois dit de Houe portant pour armes un escus d'azur a trois coquilles d'or ledit escus timbré et supporté comme dessus, est une des plus anciennes et noble de La prouince d'haynau laquelle comme telle a esté allié par mariage a plusieurs autres semblables si comme en autres a celle *de Caussine, de Sailly, de Daure, de desne, de Tiennes, de Berlette, d'Andelot de l'Esclatière, d'Ongnies, de Lannoy* et *Despretz,* ainsi qu'il me conste par sa geneâlogie que d'ailleurs a produit diuers cheualier qui ont estes seigneurs de diuers belles terres et seigneuries en la ditte prouince nomement de celle de *houes aupres d'Anguien* dont elle a pris le nom et armes et de celle de l'Esclatière qui est aussi une de nom et d'armes qui passent en tous colleges de chanoines et chanoinesses fondez et instituez pour lancienne et militaire noblesse estant les armes de l'une et de l'autre maison mises en la représentation de l'Estat tant Ecclésiastique que seculier de laditte prouince — joint que de la susdite maison de du Bois de houes est issus par succession et representation des personnes Mr Antoine du Bois fils d'André du Bois et de Damoiselle Rose de Vermeille sa femme petit fils de Melchior du Bois et de Damoiselle Jeanne Despretz sa femme et arier fils de Siger ou Zegrez du Bois dit de Houes Equier qui fut en l'an 1585 lieutenant du Baillage de Lille comme il mest apparu par les tittres et enseignements dignes de foy qui m'ont esté exibez et comme il est juste et raysonable de donner témoignage de la vérité de la requisition de ceux qui y peuuent avoir de l'interest j'ay a celle du dit sieur Antoine du Bois donné ce present sous ma signature et sceaux pour lui seruir et valoir ou il trouera conuenir ce que de raison faict a Bruxelles le 14me de 7bre de lan 1679.

(Et estoit signé) DE LAUNAY.

Et scellé du cachet de ses armes.

Nous Bourguemestres Echevins et conseil de la ville de Bruxelles certifions et attestons à tous quil appartiendra que Messire Pierre Albert de Launay qui a signé et scellé le certificat cy deuant couché est premier Roy d'armes prouincial des Pays-Bas pour Sa Majesté et quil est officier d'honneur et digne de foy au fait de son dit office en témoignage de quoy nous avons fait signer ce présent par un de nos secretaires et scellé du cachet secret de la ditte uille fait à Bruxelles le 14me septembre 1679.

(Estoit signé) VANDENDICHE.

Et scellé du sceau de la
 ditte ville.

III. Nous Pierre Albert de Launay cheualier seigneur d'Oysel et de Fontaine et premier roy d'armes et heraut prouincial de ces pays Bas au titre de Brabant et Pierre de Tombel Roy d'armes et heraut prouincial au tiltre d'Artois Lille Douay et Orchies pour sa Majesté, certifions et attestons à tous quil appartiendra que la maison de du Bos ou du Bois dite de Houes portant pour armes un escus d'azur a trois coquilles d'or est une des plus anciennes nobles et cheualereuses de la prouince de haynau et pour telle réconnue dans la representation de son Estat tant Ecclesiastique que seculier et que d'ycelle est issus par succession de temps et representation des personnes en ligne directe Masculine Antoine du Bois Escuier seigneur de Duisans fils d'André du Bois Esquier et de damoiselle Rose de Vermeilles sa femme petit fils de Melchior du Bois seigneur d'Haucourt en partie et de damoiselle Magdelaine Depretz sa femme et arier fils de Ziger ou Zegrez du Bois dit de houes Escuier seigneur du Burg qui fut en l'an 1585 conseiller assesseur et lieutenant du Roy en son Baillage et gouvernance de Lille et de Damoiselle Jeanne de Bacquehem sa femme ainsi quil nous est apparu par les registres memoires et nostre genealogie que nous auons dans nos respectives offices de touttes les maisons et familles nobles du dit Pays comme aussy par certificat du Magistrat de Douay dépéché *in formâ probante* contenant que le dit André estoit fils du dit Melchior et de la ditte damoiselle Magdeleine Despretz et que ledit Antoine est fils dudit André et de la ditte damoiselle Rose de Vermeilles sa femme et comme il est juste et raysonnable de donner témoignage de la vérité à la réquisition de ceux qui peuuent y avoir de l'interest nous auons a celle d'Antoine du Bois Escuier sieur de Duisans susmentionné donné ce présent sous nostre respectif seing et sceau dont nous sommes accoutumé d'user en l'exercice de nos dits offices. Fait a Bruxelles le 14 septembre l'an mil six cent septante neuf.

(Estoit signé) DE LAUNAŸ.

Scellé du sceau de la ditte office et cacheté du cachet de ses armes.

Nous Bourguemestres Eschevins et conseil de cette ville de Bruxelles certifions et attestons à tous ceux qui ces présentes verront que les sieurs de Launay et Tombel qui ont signez et scellez les susdits certificats sont Roys d'armes et herauts de sa Majesté au tiltre des prouinces dont ils se califient fidels au fait de leurs offices en temoin de quoy nous auons fait signer ces dittes presentes d'un de nos secrétaires et y fait aposer le sceel

de la ditte ville. donné a Bruxelles le 14me d'octobre de l'an ....
Et scellé du sceau de la ditte ville.

(Estoit signé) J. B. HOUWAERT.

Annexe 8.

Acte de mariage de Jean-Philippe DE BACQUEHEM et d'Eléonore-Aldegonde DU BOIS DE HOVES.

Extrait du registre aux actes de Baptêmes Mariages et sépultures de l'an-cienne paroisse de S¹ Jean en Ronville, en la ville d'Arras pour l'année 1693.

Le vingt septiesme jour de janvier 1693 je prêtre curé de la par. de S¹ Jean a Arras ai donné la benediction nuptiale à Jean Philippe Bacquehem es^er s^r du Lietz et D^le Leonore Aldegonde du Bois, ledit Bacquehem de la paroisse de Raimbeaucourt, âgé de 24 ans, fils de feu Bacquehem aussi es^er s^r dudit lieu et de Madame et laditte D^le fille de Monsieur Antoine du Bois es^er s^r de Duisans etc^a con^er au conseil d'Artois et de Mad^e Jeanne Galbart en présence de laditte dame Douairière du Liezt mere et de Charles Alexandre de Bacquehem frère du contractant et du s^r conseiller la ditte dame Galbart mere et Antoine François du bois avocat au conseil esc^r s^r d'Aucourt frere de la contractante qui ont signé avec les parties contractantes et nous et le s^r Alphonse François de Beaufermé ami commun. *(Suivent les signatures)* Jean Philippes DE BACQHEM, Leonore Aldegonde DU BOIS, J. GALBART, DU BOIS DE LA MOVARDRIE, Charles Alexandre Josephe DE BACQHEM, Alphonse François DE BAUFFREMEZ et DU BOIS DHAUCOURT.

Pour extrait conforme au registre et littéralement copié délivré en l'hôtel de ville d'Arras le treize avril mil huit cent cinquante-cinq.

(CACHET)   Le maire de la ville d'Arras
                              (signé) LECESNE adj¹.

Sur le côté, en marge, on lit :

Vu par nous Président du tribunal civil d'Arras pour légalisation de la signature de Mr Lecesne adj¹ au Maire d'arras le quatorze avril 1855,

Pour le Prés¹ emp^d,
(signé) BOUTRY.

Et en dessous de la signature de M. Lecesne :

19

Vu la signature de M. Boutry apposée d'autre part,
Paris le 30 janvier 1846,
Par délégation du Ministre de la justice,
Le chef de Bureau,
(signé) Ch. Mausat-Laroche.

Le ministre des affaires étrangères certifie véritable la signature ci-dessus de Mr Mausat-Laroche.
Paris, le 12 février 1856,
Par autorisation du Ministre,
Pour le chef du Bureau de la chancellerie,
(signé) Dubois.

Annexe 9.

TERRE DE DUISANS.

On lit dans un ancien mémoire :

« La ferme et marchez de Duisans consistant en deux mesures et demie
» de manoir ou environ amazé d'une grande maison batye de bricques et
» de blancs. Contenant plusieurs places de suitte, une escurie batye et
» voutée de même pour y mettre douze chevaux, plusieurs bergeries basties
» de meme, une grande grange de pierres blanches pour renfermer la
» despouille de cent mesures de terres labourables situées en plusieurs
» pièces etc........ »

« Ledit marchez doit a Mrs du chapitre d'Arras, Mr le chantre, Mrs de St
» Eloy et aux enffans de chœur douze razières de bleds et six francs en
» argent — il y a quelques pièces de terres tenues du seigneur de Louez a
» qui ils doivent terrage, il y a d'autres pièces de terres tenues du seigneur
» des fincques, la plus part des terres du dit marchez doivent terrage audit
» seigneur de Duisans. »

Annexe 10.

Dans le mémoire dont il est parlé plus haut, on trouve :

« Les ennemis ayant pénétré en Artois dans la campagne de 1710 et pour
» leur ôter la liberté de former le siége d'Arras, l'armée du roi, commandée
» par Mr le maréchal de Villars, se campa à Duisans, Fosseux et Hermaville,
» qui sont les trois terres qui produisent la plus grande partie du revenu
» de la famille, où l'on fit des lignes que l'on a gardées pendant cette cam-
» pagne et la suivante jusqu'au 5 août 1711 que les ennemis passèrent la
» rivière de la Sensée pour faire le siége de Bouchain. »

« Pendant ce campement, la famille a perdu dans ces trois terres 52,000
» arbres toutes les dépouilles et les fermes ont été ruinées avec le château
» de Duisans, et quantité de retranchement faits dans 114 mesures de
» prairies qui bordent la source de l'Escarpe les ont abymées. Ces pertes
» montèrent a plus de cent mille écus. »

Annexe 11.

Etat des revenus de la famille DU BOIS DE DUISANS en 1712

Noms des terres.	Produits.
Duisans	4,000 livres.
Hermaville	1,600 »
Fosseux	1,500 »
Noyelles-Godeaux	.190 »
Aucourt	.600 »
Wimy	.400 »
Averdoing	.150 »
Noyellette	..50 »
Escury	.100 »
Le moulin d'Acq.	.150 »

(1) Cette terre eut pour seigneurs : 1º les DE FOSSEUX; 2º les DE MONT-
MORENCY; 3º les DE HENNIN-LIÉTARD DE CUVILLERS ; 4º les DU BOIS DE HOVES,
qui la possèdent encore.

Les biens du quartier de Béthune et d'Aire .	2,000	»
Rentes sur l'hôtel de ville et autres . . .	2,964	»
	Total	13,614 livres.

Annexe 12.

Filiation prouvant que la famille DU VERNAY DU PLESSIS descend par les femmes de plusieurs familles dont des membres ont fait partie de la magistrature tournaisienne avant 1790. (1)

I. *Jean* GOMBAULT, seigneur d'Archimont, des Terraiges et du *Manain,* avocat au Grand Conseil de Malines, garde-scel du bailliage de Tournai en 1550 et 1568, acheta la bourgeoisie de Tournai, le 28 mai 1568, selon l'*Annuaire de la Noblesse de Belgique,* par M. le baron DE STEIN D'ALTENSTEIN, année 1867, p. 114.— Nous croyons mauvaise la date de 1568, car d'après VANDENBROECK, *Magistrature Tournaisienne,* p. 131, ce fut en 1558 que Jean *Gombault* fit partie du magistrat de Tournai. Il épousa à Tournai, paroisse de St-Jacques, le 19 août 1543, Antoinette *Thouwart* dite *de Thouars,* fille de Jean et de Jeanne *Canonne.* De ce mariage, vint entr'autres enfants :

II. *Anne* GOMBAULT, mariée avec Nicolas *Sourdeau,* seigneur de Tornibus, bailli de Hollain, grand maire de Saint-Amand (et non grand-maître, comme l'écrit M. le baron DE STEIN D'ALTENSTEIN, *Annuaire de la Noblesse de Belgique,* 1858, p. 227), fils de François

---

(1) Cette filiation est nécessaire pour prouver les droits qu'ont les DU VERNAY DU PLESSIS et leurs descendants, en ligne tant masculine que féminine, à recevoir *temporairement* et à *leur tour,* le revenu de la fondation faite, en 1858, par Mr Adolphe DE FERRARE DE REPPEAU, écuyer, dit le *chevalier* Adolphe DE FERRARE.

Sourdeau et de Marie *de Hollain*. Nicolas *Sourdeau* fit partie du magistrat de Tournai de 1564 à 1572, et laissa entre autres enfants :

III. *Jean* SOURDEAU, seigneur de Mouillart et de Tornibus, grand maire de Saint-Amand, épousa Jacqueline *d'Auxy de Warelles* (1), fille de Philippe et de Marie *de Malannoy*. Il obtint, le 26 mars 1630, du bailliage de Tournai, une sentence qui le confirma dans la possession de sa noblesse. Ses enfants partagèrent devant les échevins de Tournai, le 11 août 1659. Il laissa outre *Walerand-Alexandre*, son héritier présomptif, et *Catherine*, dite *de Mouillart*, Jossine *Sourdeau*, qui suit, IV.

IV. *Jossine* SOURDEAU, mariée à Lille, par contrat du 31 juillet 1642, avec Maximilien *du Bois*, dit *de Hoves*, écuyer, que nous avons vu ci-devant, page 21, hérita de la terre du Manain, à la Tombe, lez-Tournai, lors du décès de son cousin Walerand *Gombault*, écuyer, qui ne laissa pas de postérité de ses deux femmes, Jeanne *Grenus* et Marie-Alexandrine *Hapiot* (2). Jossine eut pour fils :

V. *Walerand*-François-Joseph DU BOIS, dit DE HOVES, écuyer, qu'on a vu ci-devant, page 22, et qui fut père de :

1° *Philippe-Marie*, qui suit, VI.

(1) AUXY DE WARELLES : *echiqueté d'or et de gueules, au filet de sable brochant en barre.*

(2) Toutes deux issues de familles patriciennes de Tournai et de Lille.

GRENUS : *d'argent, à la bisse de gueules, tortillée de deux retours, la tête tournée vers le côté dextre de l'écu; au chef d'azur chargé de trois molettes d'argent rangées.*

HAPIOT : *d'azur, à la fasce d'or, accompagnée de trois croissants d'argent.*

2° *Robert-Augustin,* écuyer, seigneur du Manain, qu'on a vu ci-devant, page 24.

VI. *Philippe*-Marie DU BOIS, dit *de Hoves,* écuyer, qu'on a vu ci-devant, page 27, laissa pour fils aîné :

VII. *Philippe-Joseph-Albert* DU BOIS, dit DE HOVES, écuyer, seigneur de la Cessoye, à Attiches, que nous avons vu ci-devant, page 30, laissa pour enfant unique :

VIII. *Antoine - Marie - Ignace - Philippe - Joseph-Désiré* DU BOIS, dit *de Hoves,* écuyer, qu'on a vu ci-devant pages 33 et 66, seigneur du Manain en 1789 et dont la fille :

IX. *Marie-Adélaïde-Dominique-Josèphe* DU BOIS, dite DE HOVÉS, que nous avons vue ci-devant, page 34 et 58, épousa Pierre-Louis-François-Joseph *du Vernay du Plessis,* écuyer, chevalier de l'Ordre Royal et Militaire de St-Louis, ancien officier aux gardes du roi Louis XVI, etc.; elle en eut les enfants que nous avons mentionnés pages 58 et suivantes, et dont les descendants tant en ligne masculine qu'en ligne féminine, à tous les degrés et à l'infini, posséderont des droits sur les fondations faites ou à faire en faveur des personnes issues d'anciens magistrats tournaisiens.

Annexe 13.

Arbre généalogique indiquant la parenté des DU VERNAY DU PLESSIS, actuellement tournaisiens, avec Jacques MAHIEU, curé d'Elouges, qui fonda des bourses d'études en 1726. (1)

1. *Antoine* MAHIEU
habitait Mons, en 1528;
il épousa *Jehenne* WÉRY
qui était veuve en 1565.
Il en laissa :
2. *Jehan* MAHIEU
(Vendage du 18 décembre 1565, au chef lieu
de Mons), qui épousa *Jehenne* DE MANIET.
De ce mariage, vinrent entre autres enfants :

3. *Jacques* MAHIEU habitait Mons, en 1597; il épousa *Jeanne* MOREAUX, née le 19 avril 1575, fille de Hugues *Moreaux* et de Marie *Dessars*. De cette union :

4. *Estienne* MAHIEU, né le 27 juin 1594, épousa *Hélène* DE BRESY, morte en janvier 1638, et en eut :

5. *George* MAHIEU, né le 25 janvier 1624, épousa le 7 juin 1653, *Barbe* MONSEUR, née le 14 janvier 1630, morte le 9 avril 1681. De ce mariage, vint entre autres enfants :

6. *Christine* MAHIEU, née le 18 juillet 1660, morte le 22 mai 1710, mariée le 8 février 1682, à *Jean-Thomas* LIVEMONT, mort le 4 septembre 1719. Elle eut entre autres enfants :

3bis. *Guillaume* MAHIEU [*Quittances* à la loi du 14 octobre 1598, du 24 et du 30 décembre 1598, folios 172, 203 et 206 (2)], épousa le 3 mai 1597, *Magdeleine* BAGUET, dont il eut :

4. *Guillaume* MAHIEU, né le 15 juillet 1598, épousa *Jeanne* DESPASSE, ou DESPOSSE, née le 16 février 1594, par laquelle il fut père de :

5. *André* MAHIEU, né le 26 décembre 1622, épousa le 26 juin 1648, *Barbe* CAUDRON, née le 26 novembre 1626 ; dont il retint entre autres enfants :

6. *Jacques* MAHIEU, né le 15 août 1653, mort curé d'Elouges, lez-Dour (Hainaut), le 10 août 1732, lequel fonda, le 4 juillet 1726, deux bourses d'études pour la Philosophie et la Théologie. La première de ces

(1) Nous devons cet arbre généalogique à l'obligeance de Mr *Jean-Baptiste* SIMONEZ, curé de Gilly, lez-Charleroy, et cousin germain de Mme veuve Louis *du Vernay du Plessis*, née *Amélie* CHEVALIER.

(2) Il s'agit sans doute de quittances formant un registre qui repose aux archives de Mons.

7. *Pierre-François* LIVEMONT, né le 24 janvier 1695, mort le 24 février 1774, marié le 23 juin 1716, avec *Marie-Martine* TOREAU, née le 24 mai 1697, morte le 1er janvier 1760. De ce mariage :

8. *Marie-Jeanne-Antoinette* LIVE-MONT, née le 9 mars 1718, morte le 26 mars 1784, épousa le 24 août 1751, *Jean-François-Joseph* MELS-NYDER, né le 4 mars 1724, mort le 5 juin 1797. Elle en eut :

9. *Jean-Baptiste-Antoine-Joseph* MELSNYDER, né le 24 mars 1754, mort le 22 décembre 1830, épousa le 11 novembre 1777, *Jacqueline* JOLY, morte le 4 décembre 1802; il en eut :

10. *Anne-Françoise* MELSNYDER, née le 4 septembre 1786, morte le 24 mai 1858, épousa le 12 août 1812, *Pierre-Joseph* CHEVALIER, orfèvre à Mons, décédé en juin 1859 (1), et dont elle eut entre autres enfants :

11. *Amélie*-Jules CHEVALIER, née à Mons, selon Mr Simonez, le 6 mars 1814, et selon ce qu'elle nous a dit le jour de la fête de St JULES, c'est à-dire, le 12 avril 1814. Elle épousa à Hornu (Hainaut), le 25 octobre 1835, *Louis*-François-Joseph DU VERNAY DU PLESSIS, que nous avons vu ci-devant, page 60.

bourses peut être accordée, soit aux parents du fondateur, soit à des habitants d'Elouges, de Monceau et de Mons; la seconde peut l'être aux habitants d'Elouges, aux parents du fondateur, aux habitants de Monceau et aux habitants des villages situés dans le pourtour d'Elouges, mais pas à plus d'une lieue de ce village. La collation de ces bourses appartient aux bourgmestre, échevins et curé d'Elouges. En 1855, le revenu de cette fondation, à distribuer en deux bourses, s'élevait à 544 francs 22 centimes.

(1) Nous n'avons pas cherché à connaître la date exacte de son décès, mais nous savons qu'en 1859, *Pierre* CHEVALIER habitait Hornu et qu'il mourut subitement en la station de Mons, en descendant d'un wagon; sa mère appartenait à la famille NICOLAS, de Mons, selon ce que nous a dit Mme DU VERNAY DU PLESSIS.

Annexe 14.

EXTRAIT des appaisements joints au Registre des Mariages de la commune d'Hornu pour l'année mil huit cent trente cinq, reposant aux Archives du Tribunal de première instance séant à Mons, Province de Hainaut.

« Visé pour valoir timbre à Tournay le quatorze février mil huit cent quinze, folio trente quatre V°, N° six cent quatre-vingt. Reçu un franc dix centimes compris subvention.

(Signé) GOUTTIER. »

In Imperio suæ Imperatoris Majestatis Pauli priM.I Imperatoris et au Tocratis .totius Rossiæ etc. etc. etc. Domini Nostri Clementissimi.

Anno Domini millesimo septingentesimo nonagesimo octavo die duo decima mensis maii V. 5 ego infra scriptus unicuiqeui interest notum facio, quod Baptisavi infantem PRIDIE NATUM, huinc nominum LUDOVICUM, JOSEPHUM, FRANCISCUM filium clarissimi Domini petri Ludovici Du Vernet du Plessis equitis ordinis sancti Ludovici ejusque consentis clarissimæ Dominæ Mariæ Dominicæ Josephæ Adelaid Du BOIS DE HOVES levantes de sacro fonte magnificus dominus Joannes fransciscus Gemboult et invisa Dna Thecla Welska. Idq actum est in ecclesia parochiali *Kot-Komensi* latina dixce

---

(1) Nous l'avons vu ci-devant, page 60, sous les prénoms de LOUIS-FRANÇOIS-JOSEPH, qu'il porte dans tous les autres actes.

seos pinsiensis. Signatus : Simein hryniensiz scholasticus cathedralis pinsiensis.

Enreg⁴ à Tournay le quatorze février 1815, fol. 106 R°, case 3. Reçu un franc dix centimes compris subvention.

(Signé) GOUTTIER.

Nous soussignés Charles Louis Joseph Henry et collègue, notaires à la résidence de Tournay, département de Jemmapes, certifions que la copie qui précède est conforme à l'acte de naissance signé, visé et enregistré comme dit est, qui nous a été administré par Monsieur Pierre Louis DU VERNET DUPLESSIS, chevalier de l'Ordre Royal et militaire de St Louis, demeurant en cette ville, et que nous lui avons rendu après collation en faite.

En foi de quoi nous avons signé et fait sceller le présent certificat à Tournay, le quinze février dix huit cent quinze.

(Signé) HENRY fils not., AUVERLOT, not.

Enregistré à Tournay le quinze février mil huit cent quinze, N° 2 f° un v°, case 3. Reçu un franc dix centimes compris subvention.

(Signé) GOUTTIER.

Vu par Nous Président du Tribunal civil séant à Tournai pour valoir légalisation des signatures de Mrs Auverlot et Henry.

Tournai, ce seize février mil huit cent quinze.

(Signé) DE RASSE.

Pour extrait conforme, Mons le dix neuf septembre mil huit cent trente sept.

(Signé) DEMARBAIX, avec paraphe.

Enregistré à Mons le vingt septembre 1800 trente sept, folio 96, case 7 ; Reçu un franc soixante dix centimes pour droit, deux francs douze centimes pour Greffe et un franc pour additionnel.

(Signé) DE LADRIÈRE, *avec paraphe.*

Sur le côté de cet acte, on lit :

Sceau du
tribunal
de 1re instance
de Mons
(signé)
COLIÉ
avec paraphe.

Vu par Nous Président du Tribunal de première instance séant à Mons, Province de Hainaut pour valoir légalisation de la signature du sieur Demarbaix, commis-greffier du Tribunal susdit.

Mons, le vingt-un septembre mil huit cent trente sept.

Pour le Président
(signé) L. WILLAUMEZ   LESCART
juge   c^{is}-greff.
avec paraphe.   *avec paraphe.*

Annexe 15.

Déclaration de domicile de Pierre-Louis-François-Joseph
DU VERNAY DU PLESSIS. (1)

DUVERNAY-DUPLESSIS.
41

L'an mil huit cent treize, le vingt-huit juillet, pardevant Nous, Maire de la ville de Tournai, Département de Jemmapes, est comparu le sieur Pierre-Louis Duvernay-Duplessy, âgé de cinquante-neuf ans, ancien inspecteur de haras, domicilié à Hambourg, lequel nous a déclaré que son intention était de renoncer à son domicile en ladite ville, pour se fixer en cette ville avec sa famille.

(1) Ce document et l'acte de décès de Pierre-Louis-François-Joseph *du Vernay du Plessis,* font remonter la naissance de ce dernier à l'année 1754.

De quoi il a requis acte et a signé avec nous après lecture.

Fait à Tournai, en l'Hôtel de la mairie, les mêmes jour, mois et an que dessus.

(Signé) DUVERNET DU PLESSIS et L. DU BUS.

POUR COPIE CONFORME :

Sigillum urbis Tornacensis.

Tournai, le 20 avril 1865.
L'Officier de l'Etat-Civil,
L. FONTAINE *aîné av'*
Ech.
(avec paraphe).

Annexe 16.

Fragment sur la famille des DU BOIS DE HOVES DE L'ESCLATIÈRE.

Seigneurs de l'ESCLATIÈRE, (*fief, motte et manoir,* à Horrues, lez-Hoves), DOURS, AYSEAU, etc.

ARMES : *de sinople, à trois coquilles d'or, 2 et 1.* Cimier : *tête et col d'un lévrier au naturel, colleté de sinople ; le collier, annelé, bordé, bouclé et cloué d'or.*

I. GILLES *du Bois de Hoves*, écuyer, seigneur de l'Esclatière, mort vers 1442, épousa JEANNE *de Foulsoin* ou *de Foussoin*, qui portait : d. . . . . ., au lion d. . . . .

Il fut père d'ADRIEN, aliàs GILLES, qui suit, II.

L'ESCLATIÈRE

HOVES

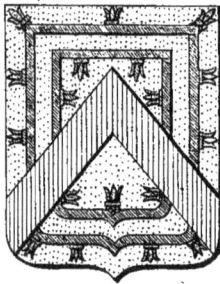

ESCORNAIX

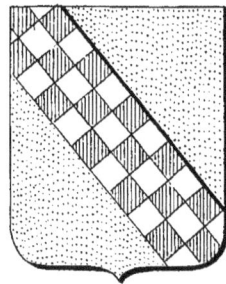

ATTICHES

DIMENCHE dit le LOMBART

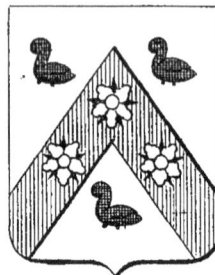

CANONNE

THOUWART dit de THOUARS

II. ADRIEN, dit aussi GILLES, seigneur *de l'Escla-*
tière et de Dours, chevalier, vivant vers 1442, 1451,
etc., épousa ISABEAU *de Jauche-Mastaing*, fille
d'André *de Jauche-Mastaing*, chevalier, seigneur de
Mastaing, Sassignies, Hérimez, Brugelette, Her-
baut, Bauffre, etc., et de Marguerite *de Masmines*,
dame du dit lieu, de Berleghem, d'Hemelverdeghem
et d'Uytbergen, fille de Robert *de Masmines*, chevalier de la Toison d'or. Isabeau *de Jauche-Mastaing*
portait : *de gueules, à la fasce d'or, accompagnée en*
chef d'une divise vivrée du même. De ce mariage :

1° JEAN, qui suit, III.

2° JACQUES *de l'Esclatière* qui épousa COLLE *Vredeau* ou *Verdeau*, qui
portait : *de gueules, au croissant d'argent, à l'orle de six coquilles du*
même.

Adrien *de l'Esclatière* mourut vers 1510; il gît
à Horrues auprès de son épouse (1).

III. JEAN *de l'Esclatière*, chevalier, seigneur de
l'Esclatière, Dours, etc., épousa ANNE *de Luu*, dite
van Hamme, fille de Ghiselbrecht *de Luu*, seigneur
de Hamme, chevalier de Jérusalem, panetier du duc
de Bourgogne, Philippe-le-Bon, etc., et de Simone
de la Chambre, fille de Messire Henri *de la Chambre*,
chevalier. Elle portait : *d'azur, au lion d'or; à la*
bordure d'argent, autour de l'écu. De ce mariage :

1° ADRIEN, qui suit, IV.

(1) Mr Théodore *Bernier*, d'Angre, notre collègue du Cercle Archéologique de Mons, nous a assuré avoir vu à Horrues l'épitaphe d'Adrien *de*
l'Esclatière et d'Isabeau *de Jauche*, son épouse; on y remarquait, dit-il, le
blason DE L'ESCLATIÈRE *écartelé avec un lion*, et en-dessous un écu en
losange, parti *de l'Esclatière* et *de Jauche-Mastaing;* la date, 1510, était
encore lisible.

22

2° ANNE *de l'Esclatière* épousa CHARLES *de Somaing*, écuyer, seigneur de Louvigny, qui portait : *d'argent, au lion de gueules; à la bordure engrêlée d'azur, autour de l'écu*.

3° Jeanne *de l'Esclatière*, qui demeurait à Denain et y mourut le 15 février 1517.

4° Périne *de l'Esclatière*, mariée à Ponthus *du Rost*, écuyer, seigneur de Campeau, la Haie, Fontenelle, écuyer d'écurie de l'empereur Charles-Quint. Il portait : *d'or, au chevron de gueules*. De ce mariage :

> A. ANTOINETTE *du Rost*, dame de Campeau, la Haie, Fontenelle, etc., épousa en premières noces Nicolas *de la Glizœulle*, écuyer, seigneur de S⁺ Marcel-sur-le-Mont, la Francheville, etc., lequel portait : *de gueules, au chef d'argent*, et était fils d'Antoine, écuyer, et de Madeleine *de Luxembourg*. Antoinette *du Rost* eut pour second époux, PIERRE *d'Assignies*, chevalier, gouverneur du château de Valenciennes, puis de Maubeuge, troisième fils de PONTHUS, seigneur *d'Assignies* et de SAINTE *Pinchon*. Pierre d'Assignies portait : *fascé de gueules et de vair de six pièces; à la bordure engrêlée d'or, autour de l'écu*.

IV. ADRIEN *de l'Esclatière*, chevalier, seigneur de l'Esclatière, Rocquemont, le Ploich, Isque, etc., épousa Jacqueline *de Brabant*, dite *Brandt*, dame d'Ayseau, etc., fille d'Adrien et d'Antoinette *de Boussut en Faïgne*; elle portait : *de sable, au lion d'or, armé et lampassé de gueules, à la cotice du même brochant sur le tout, en bande*. De ce mariage :

HONORINE *de l'Esclatière*, dame du dit lieu, Ayseau, Isque, Rocquemont, le Ploich, etc., épousa : 1° Georges *d'Andelot*, seigneur de Hoves, baron de Jonvelle, chevalier, fils de Jean et de Philippotte *du Bois de Hoves* Ce mariage eut lieu par contrat du 25 avril 1556 (1). Elle épousa en secondes noces, Charles *de Gavre*, chevalier, comte de Beaurieu et du S⁺ Empire, seigneur de Fresin, Ollignies, Musain, etc., fils de Louis et de Jeanne *de Rubempré*; il portait : *d'or, au lion de gueules, armé, lampassé et couronne d'azur; à la bordure engrêlée de sable d'onze pointes, autour de l'écu* (2).

---

(1) F. V. GOETHALS. *Dictionnaire généalogique et héraldique*, tome 1, p. 38.
(2) Id. ibid., t. 2, p. 385.

Des deux mariages d'Honorine *de l'Esclatière* sont issus les comtes *d'An-delot*, les princes *de Gavre d'Ayseau*, et leurs alliés.

On lit dans les *Monuments anciens* du comte F.-J. DE St-GÉNOIS DE GRANDBREUCQ, à la page 25 du tome premier, dans la seconde colonne :

« Le fief de *Eerbrughe* à Hoves était tenu en 1478 par Gilles *de l'Escla-*
» *tière*, chevalier. »

« Le fief de *Maulde* à Hoves était tenu à la même époque par Gilles *de*
» *l'Esclatière*, seigneur dudit lieu, chevalier. »

A la page 26, colonne I :

« Le fief de *la Tassenière* était tenu par le même. »

A la page 27, col. 1 :

« Le fief près du vivier de Hoves, était tenu par le même. »

A la page 30, col. 2 :

« Le fief de huit bonniers auparavant à Louis *de Courtebecq*, était tenu
» par Gilles *de l'Esclatière*, chevalier. »

A la page 31, col. 1 :

« Le *petit Courtebecq*, à Marcq était tenu par Gilles *de l'Esclatière*,
» demeurant à Horruws. » Ce fief relevait de la cour de BELLE.

A la page 33, col. 2 :

« Le fief de la *Couture de Faussebacq* relevant du Graty était tenu par
» Gilles *de l'Esclatière*, chevalier. »

A la page 249, col. 2 :

« Guillaume *de l'Escaterie*, receveur de Hainaut, en 1353. »

A la page 333, col. 1 :

« Willaume *de l'Escatière*, receveur de Hainaut en 1353. »

A la page 360 :

« Guillaume *de l'Escattier*, receveur en 1358. »

Annexe 17.

Notice généalogique sur la maison des DE HOVES, seigneurs de Hoves (sous Poilvache, comté de Namur), de Bugnies, de Hundelghem, de Préau, d'Audierbois, etc.

Armes : *de gueules, au chef d'argent.* Cimier : *un buste de More tortillé et vêtu d'argent, le collet,* ou *rabat, de gueules.*

Philippe *de Hoves,* écuyer, seigneur de Bugnies, épousa, vers la seconde moitié du XIVe siècle, Julienne *de Pottes,* (1) qui portait : *burelé d'argent et d'azur de dix pièces, à la bande de gueules, brochant sur le tout;* laquelle était fille de Thierry *de Pottes,* écuyer, seigneur d'Aulnoy, et de Julienne *de Hauchin,* dame de la Hutte.

I. Jean *de Hoves,* écuyer, seigneur d'Hundelghem, épousa Marie *de Récourt de Licques,* chanoinesse de Maubeuge, fille d'Antoine, écuyer, seigneur de Torfontaine, et de Barbe *d'Amerval;* elle portait : *écartelé, aux 1 et 4 : contr'écartelé d'or et de sable,* qui est DE Lens; *aux 2 et 3 : bandé d'argent et d'azur de six pièces, à la bordure de gueules,* qui est DE Licques; et sur le tout : *de gueules, à la bande d'or, à l'orle de six billettes du même,* qui est DE Saveuse. (2) De ce mariage :

(1) Guillaume Créteau. *Miroir Armorial,* Man. 223 de la Bibliothèque de Tournai, t. II, fol. 136. *Généalogie* DE Pottes.

(2) Le Blond *(Quartiers généalogiques.* Bruxelles. Ermens Page 249-230), la dit fille de Nicolas *de Récourt,* dit *de Licques,* seigneur de la Comté, et de Jeanne, aliàs Bonne *de Gouy.*

II. PHILIPPE *de Hoves,* écuyer, seigneur d'Es-
tiennes, de Préau, etc., mort en 1617, épousa Jeanne
de Bousies, dame d'Audierbois, morte en 1621, fille
de Claude, écuyer, et d'Isabeau *de Trazegnies*; elle
portait : *d'azur, à la croix d'argent*. De ce mariage :

1° ROBERT *de Hoves*, écuyer, seigneur d'Audierbois et de Sole.

2° ISABEAU *de Hoves*, mariée trois fois : 1° avec Antoine *de Martigny*,
écuyer, qui portait ; *d'argent, au chevron d'azur, accompagné de trois roses
de gueules* ; 2° avec Thomas *Reffin*, qui portait : *burellé d'or et de gueules de
dix pièces*; 3° avec Jean *de Dave*, écuyer, qui portait : *de gueules, à la bande
d'argent*; *l'écu brisé en chef d'un lambel d'azur, à trois pendants* (1).

1600. — François *de Hoves*, écuyer, seigneur de
Solis, épousa Jeanne *de Cambry*, fille de Nicolas et
d'Anne *de Limont*. (2)

Même année. — Isabeau *de Hoves* épousa François *de Sire* ou *de Gougnies* (de Goegnies), seigneur
du dit lieu, lequel portait : *d'azur, à la croix ancrée
d'argent*. De ce mariage :

A. Marguerite *de Sire*, dite *de Gougnies*, mariée, en 1623, avec Antoine
Compère, bailli d'Aiseau, dont sont issus les *Compère*, dits *de Prelle de la
Nieppe*, qui portent : *Coupé : en chef : d'argent, à trois étoiles de gueules, à
six rais, et en pointe : gironné d'or et de gueules, chaque giron de gueules,
chargé de trois croix d'argent recroisettées et au pied fiché. Cimier : une aigle
naissante d'or.* ·

(1) DE VEGIANO. *Nobiliaire des Pays-Bas.* Edition DE HERCKENRODE P. 294.
(2) F. V. GOETHALS. *Dictionnaire gén. et héraldique*, T. 1, p. 560.

23

Annexe 18.

1100. — Parmi les témoins de la donation de la terre d'Hollebecq à l'abbaye
d'Eenbam, donation faite, vers 1100, par Adelende DE CHIÈVRES, épouse
de Théodoric D'AUDENARDE, figure Ingelbert *de Hoves* (1).

1200. — Etienne, chevalier *de Hoves*, avait engagé des terres à l'abbé de
Grimberghe et à sa communauté. Cette engagère fut l'objet d'une donation
faite par Francon, abbé de Grimberghe, à l'abbaye de St Denis-en-Bro-
queroie ; cette donation consistait en deux gerbes de dîme à prendre sur
les terres engagées, elle est datée du 1er mars 1232 (nouveau style) (2).

1201 à 1202. — Bauduin et Jean *de Hove*, ou *de Hoves*, chevaliers, croisés
avec Bauduin IX, comte de Flandre et de Hainaut (3).

1203 à 1237. — Thierry, chevalier *de Hoves*, mentionné dans divers actes
datés de 1203 et du 12 juillet 1237 (4).

1209. — Gilles, chevalier *de Hoves*, fait une dotation à l'abbaye de St Denis-
en-Broqueroie, lez-Mons ; donation ratifiée, en mai 1209, par Jean *(de
Béthune)*, évêque de Cambrai (5).

1212. - Gérard, chevalier *de Hoves*, vivait en 1212 (6).

1222. — Jean *de Hoves* (peut-être le croisé de 1202?) tenait une dîme à
Hoves, en fief de Jeanne, comtesse de Flandre, le 19 juillet 1222 (7).

1229. — Yolende, fille de Guillaume, dit COTTRELLES *de Hoves*, religieuse à
l'abbaye de Beaupré, fit une donation à cette abbaye. L'objet de cette
donation fut ensuite acheté par l'abbesse Alix (8).

1251 à 1252. — Gossuin *de Hoves* habitait Chièvres lors de l'assassinat du
boucher Gérard *le Rond* par les Flamands de la comtesse Marguerite de
Constantinople (9).

(1) *Bulletins du Cercle archéologique de Mons*. 2me série, 1866 à 1868.
Mons 1869. P. 61.

(2) *Annales du Cercle archéologique de Mons*. 1871. T. X. P. 151.

(3) DE REIFFENBERG (le baron) *Histoire du comté de Hainaut*, t. 2, p. 147.
— *Constantinopolis Belgica*, pages 88 et 89.

(4) *Annales du Cercle archéologique de Mons*. T. X. pages 128, 155, 214.

(5) *Annales du Cercle arch. de Mons*. T. X. pp 129, 130.

(6) *Annales, etc.*, T. X. p. 131.

(7) *Annales, etc.*, T. X. p. 137.

(8) *Annales, etc.*, T. X. p. 146.

(9) F. V. GOETHALS. *Dictionnaire gén. et héraldique*. T. 2. Généalogie DE
GAVRE, p. 222.

1512. — Rasse de Hoves épousa Isabeau *Cabiliau*, qui portait : *de gueules à deux bars adossés d'argent*, et était fille de Josse, seigneur de Mullem, et de Marguerite *van der Meere* (1).

1540. — Agnès de Hoves épousa Nicolas *des Martins*, fils de Simon *Martin*, dit *des Martins*, et de Catherine *Petit*. Il portait : *d'azur, à la bande équarrie d'or, cotoyée de deux étoiles du même, à cinq rais* (2).

1703. — Louis de Hoves fut nommé sous-lieutenant aux gardes wallonnes, à la création de ce régiment en 1703 ; lieutenant, le 1ᵉʳ février 1706 ; lieutenant de grenadiers, le 1ᵉʳ juillet 1710. Il fit les campagnes de la guerre de la succession d'Espagne ; assista au siége de Barcelone et fut tué, près du Montjouy, en 1714 (3).

1719. — Alexandre de Hoves fut nommé sous-lieutenant aux gardes wallonnes, le 7 janvier 1719 ; fit l'expédition d'Afrique ; passa lieutenant, le 20 décembre de la même année. Il devint lieutenant de roi d'alcadie, en 1727 (4).

1720. — Une demoiselle de Hoves qui vivait vers 1720, épousa Mʳ Jérôme-Joseph *Grenet de Marquette*, chevalier, né le 21 mai 1685, mort en 1776, fils de Jean-Jérôme *Grenet* et de N. *Bourdon ;* il portait : *d'azur, à trois gerbes d'or, liées de gueules* (5).

Annexe 19.

Mʳ BOREL D'HAUTERIVE en son *Annuaire de la Noblesse de France*, 1863, pages 213 et 214, fait figurer Geoffroy *du Bois* ou Geoffroy *de Boves* dans la généalogie des *du Bois-Halbran*. Le même auteur, en son *Annuaire* pour 1865, pages 179 et suivantes, cite ce même GEOFFROY et le nomme DU BOIS DE BOVES (6). Pour nous qui avons trouvé un GODEFROID ou GEOFFROY dans

---

(1) DE STEIN D'ALTENSTEIN (le bᵒⁿ Isidore). *Annuaire de la Noblesse de Belgique.* T. 22, 1868, page 73.

(2) DE STEIN D'ALTENSTEIN (le bᵒⁿ Isidore), *Annuaire de la Noblesse de Belgique.* T. 18, 1864, page 238.

(3) GUILLAUME (le colonel). *Histoire des Gardes wallonnes au service d'Espagne.* Page 350.

(4) GUILLAUME (le colonel). *Histoire des Gardes wallonnes,* etc ,. P. 350.

(5) DU CHAMBGE DE LIESSART *(le baron E. P. C.). Notices historiques relatives aux offices et aux officiers du Bureau des Finances de la généralité de Lille.* P. 84.

(6) D'après une notice écrite par Mʳ le chevalier Joseph-Anacharsis DU BOIS-HALBRAN.

la filiation de la maison *du Bois de Hoves,* et précisément à l'époque de la guerre de Charles *de Chastillon-Blois* contre Jean *de France-Dreux-Bretagne,* comte DE MONTFORT, nous sommes persuadés que ce même GODEFROID est le vrai chevalier du combat des Trente et l'auteur de la fameuse réponse : BEAUMANOIR, BOIS TON SANG !

Annexe 20.

Le MANAING et ses seigneurs de 1450 à 1670.

Le fief vicomtier du MANAING comprenait, en 1456, 11 bonniers ou environ, et en 1517, 16 bonniers. — Au milieu du XVe siècle, le droit de relief était de 60 sols louisiens, et lorsque le fief venait à être vendu, l'acquéreur devait en payer le dixième et y ajouter pour droit de cambrelage *(changement de seigneur),* une somme équivalente au droit de relief.

Nous croyons que les *Grand* et *Petit* MANAINGS étaient autrefois réunis sous le nom collectif de *Manaing* et que leur séparation ne date que du dernier siècle.

Famille DIMENCHE, dite LE LOMBART.

ARMES : *d'azur, à l'épée d'argent, garnie d'or, posée en pal, la pointe en bas, et accostée de deux dragons d'or, affrontés, et posés en pal, debout sur leurs membres postérieurs.*

I. Jehan DIMENCHE, dit LE LOMBART, possédait le fief du Manaing avant 1456.

II. Nicolas DIMENCHE, dit LE LOMBART, releva le fief du Manaing, le 7 octobre 1456; il en avait hérité par le trépas de son père *Jehan.*

III. Arnould DIMENCHE, dit LE LOMBART, hérita du Manaing par le décès de son père *Nicolas*, et il en exerça le relief le 22 juin 1462.

***

ARMES : *d'argent, au chevron de gueules, chargé de trois roses du champ, pointées de sable, et accompagné de trois merlettes du même*, 2 et 1.

***

IV. Jehan CANONNE, grossier (négociant en gros), acheta le fief du Manaing d'Arnoul *Dimenche*, dit *le Lombart*, le 14 novembre 1469. Il mourut vers 1489, laissant pour héritier :

V. Jehan CANONNE, dit l'*aîné*, époux de Jeanne *Vergelois* (1), exerça le relief du Manaing, le 10 mai 1489.

VI. Michel CANONNE, fils de *Jehan* l'aîné et de Jeanne *Vergelois*, releva le fief du Manaing, le 5 décembre 1495. — Il demeurait à Gand lorsque, de concert avec son épouse, Marguerite *de Stoppelarcq* (STOPPELAERE?), il chargea Michel *de Cambry* de vendre le Manaing à Jehan *Touwart*, changeur, son beau-frère ; cette vente eut lieu le 27 juillet 1517.

***

ARMES : *voir ci-devant, page 25, en note :* DE THOUARS.

---

(1) VERGELOIS : *d'or, à deux pals de gueules ; au chef d'azur, chargé de trois croisettes pattées d'argent.*

VII. Jehan TOUWART, changeur, époux de Jehenne CANONNE, sœur de *Michel*, qu'on a vu ci-devant, eut pour héritier :

VIII. Jehan TOUWART, dit *de Thowars*, qui devint avocat au grand Conseil du Roi à Malines, était, ainsi que sa mère, en désaccord avec la ville de Tournai, le mardi 14 novembre 1553; il s'agissait d'arbres appartenant à la dite ville et que le seigneur du Manaing avait fait abattre pour en disposer à son profit.

———

Le 22 décembre 1557, Hughes *de Thowars*, fils de *Jehan* et de Jehenne *Canonne*, fit donation d'un droit de *mort-gaige* qu'il avait sur le Manaing, à son frère JEHAN, avocat au grand Conseil à Malines, et ce du consentement d'honorable homme sire Jehan *de Calonne*, son beau-frère. Jehan *Gombault* fut le procureur de Hughes *de Thowars*.

———

Famille GOMBAULT.

ARMES : *voir ci-devant, page 25, ligne 36.*

———

IX. Jehan GOMBAULT, receveur des domaines à Tournai, avocat au grand Conseil, garde-scel du bailliage de Tournai, époux d'Antoinette DE THOWARS, acheta le 18 mai 1560, la terre du Manaing de son beau-frère Jehan *de Thouwart*.

En 1576, Louis *de Thouwart*, écuyer, stipulant tant en son nom qu'aux noms de ses frères *Hughes* et *Jehan*, déclara avoir reçu de Jehan *Gombault*, leur beau-frère, une rente due par ledit *Gombault*, seigneur du Manaing, à la famille *de Thouwart*.

X. Louis *Gombault* hérita du Manaing, par suite de la mort de son père *Jehan*.

XI. Jehan *Gombault*, prêtre, mort à Rome en 1608, fut seigneur du Manaing, après la mort de son oncle *Louis*.

XII. Wallerand GOMBAULT, seigneur de Beaulieu, fils de feu *Bon*, étant domicilié à Rome, et ayant hérité du fief du Manaing par la mort de *Jehan*, son frère aîné, chargea Pierre *Pourret*, comme son procureur, d'exercer le relief dudit fief, ce qui eut lieu le 28 août 1608.

Famille SOURDEAU.

XIII. Jossine SOURDEAU, épouse de Maximilien *du Bois de Hoves,* laquelle nous avons vue ci-devant, page 21, hérita de son cousin issu de germain, Wallerand *Gombault,* le fief du Manaing, qu'elle transmit à son fils Wallerand *du Bois de Hoves*. (1)

Annexe 21.

Crayon généalogique de la maison D'ATTICHES

ARMES : *d'or, à la bande échiquetée d'argent et de gueules de trois tires.*

------

(1) Nous devons toute cette annexe aux bienveillantes communications de Mr Henri VANDENBROECK, archiviste de la ville de Tournai. Voir aux Archives de la dite ville, le registre aux reliefs des fiefs relevant de la prévôté de Tournai.

Dans le tome 13ᵉ de la *Flandre Wallonne* (Douai, 1873), à la page 63 et suivantes, on trouve Robert *d'Astices* ou *d'Astiches,* homme de fief du château de Douai et sa femme GILLOTTE; ils vivaient à la fin du 13ᵉ siècle et sont cités comme bienfaiteurs de la maison du TEMPLE à Douai.

Robert *d'Astices*, écuyer, peut-être le même que le précédent, est cité par le comte DE SAINT-GÉNOIS DE GRANDBREUCQ, dans ses *Monuments anciens*, tome 1, pages 384, 664 et 725; il vivait vers 1277, 1284.

_____

Jean *d'Astiches,* fils de JEAN, épousa par contrat du 5 septembre 1458, Péronne *Marquant*, dite *de Saint-Venant,* fille de Jean, seigneur du Bos, Vrelinghem, etc., et de Catherine *Gommer*. (1)

Marie *d'Astiches* épousa dans les premières années du 16ᵉ siècle, Hector *de la Ruelle*, seigneur de le Court et del Vigne, qui portait : *d'azur, à la fasce bretessée et contre-bretessée d'or ;* elle en eut :

> A. Marguerite *de la Ruelle*, morte le 27 oct. 1558, mariée à Pierre *de Croix*, seigneur de la Fresnoye, fils de Bauduin *de Croix*, dit *de Drumez*, et de Marguerite *de Landas*. (2)

_____

I. *N.* D'ATTICHES dit *Morel* (c'est-à-dire : *le Noir*), écuyer, seigneur d'Attiches, eut pour héritier :

II. *Jean* D'ATTICHES, écuyer, seigneur d'Attiches, épousa Jeanne *Hellin* ou *de Hellin*, qui portait :

_____

(1) F.-V. GOETHALS. *Généalogie de la maison de Wavrin*, p. 159.
(2) DE VEGIANO. *Nob. des Pays-Bas*. Edition de HERCKENRODE, p. 555. — LE BLOND. *Quartiers généalogiques*. Edition Ermens, p. 260.

d'argent, à trois coquilles de sable, et qui était fille de Jacques *Hellin*, écuyer, et de Tassarde *de le Warwane*, dame héritière dudit lieu. De ce mariage vinrent :

1° JEAN *d'Attiches*, écuyer, qui suit, III.

2° PIERRE *d'Attiches*, écuyer, seigneur de la Cauchie (à Phalempin), et ensuite de le Warwane par donation de son oncle, Regnaut *Hellin*, écuyer. Il épousa Jacqueline *Ruffault*, fille de Vincent *Ruffault* et de Jacqueline *le Mesre*, dite *d'Antoing;* elle portait : *d'or, à trois coqs de sable, membrés de gueules, et encolés de têtes de chèvre du même barbées et encornées de sable.* Pierre *d'Attiches* et son épouse furent séparés judiciairement en 1465; ils avaient eu pour enfants :

> A. *Jean* D'ATTICHES, prêtre, seigneur de la Cauchie, vendit ce fief dont le retrait fut opéré plus tard par son parent Jacques *Muyssart.*
>
> B. *Isabeau* D'ATTICHES.

3° JACQUES *d'Attiches*, écuyer, épousa N...   , dont :

> A. *N.* D'ATTICHES, lieutenant de la gouvernance de Lille.

III. *Jean* D'ATTICHES, écuyer, seigneur d'Attiches, épousa Jeanne *Casselle*, dont il fut le premier mari; elle était fille de Jean *Casselle* et de Jeanne *de Bovines*. (1) De ce mariage :

1° PIERRE *d'Attiches*, écuyer, mort à marier.

2° NICOLAS *d'Attiches*, écuyer, mort jeune.

3° MARIE *d'Attiches*, dame héritière dudit lieu, épousa Jacques *Muyssart*, docteur en médecine, veuf de Jeanne *Picavet;* il portait : *d'azur, à trois coquilles d'or*, et opéra, comme nous l'avons vu ci-devant le retrait lignager du fief de la Cauchie. De ce mariage :

> A. *Jean* MUYSSART, licencié-ès-lois, seigneur de la Cauchie et d'Attiches, épousa Barbe *Marquant*, dite

_____

(1) Dans le manuscrit de CRÉTEAU, *Miroir Armorial* (à la Bibliothèque publique de Tournai, *Mns.* CCXXIII), tome II, fol 59, on peut lire pour ce nom : *Bovines* ou *Bonines.*

de Bovines, de Bouvines ou *de Bouvignes* sont les noms qu'a portés une famille lilloise; *Bonines* (ou *Bonninnes)* est un village situé à six kilomètres au Nord Est de la ville de Namur.

25

de Saint-Venant, qui portait : *d'azur, à l'écusson d'argent, en abîme ; l'écu brisé en chef d'un lambel à trois pendants du même ;* elle était fille de Bauduin, seigneur de la Cessoye, et de Catherine *de le Cambe,* dite *Gantois.* De ce mariage :

    a. MARIE *Muyssart,* dame héritière d'Attiches et de la Cauchie, épousa à Lille, par contrat passé devant Mre Jean EVE, notaire apostolique et impérial, le 29 juin 1560, et religieusement le 16 juillet suivant, Alexandre *le Blancq,* écuyer, seigneur de Meurchin, fils de Guillaume *le Blancq,* seigneur de Houchin, Bailleul-sire-Berthoud, Meurchin, etc., et de Philippotte *Ruffault.* Elle eut postérité d'Alexandre *le Blancq* (1), après la mort duquel elle se remaria à N. *Palan* (sans doute de *Pallant ?*) (2)

4° JEANNE *d'Attiches,* dame d'Attiches (en partie), épousa Jean *d'Hérignies,* écuyer, seigneur dudit lieu (à Attiches); nous croyons qu'elle en eut :

    A. *Antoine* D'HÉRIGNIES, dit *de Beaumont,* seigneur d'Hérignies, qui épousa Gérardine ou Gertrude *de Gavre,* dont :

        a. MARIE *d'Hérignies,* voir ci-devant page 17.

5° MARGUERITE *d'Attiches,* morte sans alliance.

6° ANNE *d'Attiches,* religieuse à l'abbaye de Marquette.

(1) LE BLANCQ : *d'azur, au chevron d'or, accompagné de trois quintefeuilles du même ; au chef d'or, chargé d'une aigle naissante de sable.*
(2) DE PALLANT : *fascé d'or et de sable de six pièces.*

ERRATA & ADDENDA.

Page 14, ajoutez en note :

Sohier III *du Bois de Hoves* a eu, sans doute, un frère du nom de JEAN, car on lit dans le Manuscrit de la Bibliothèque de Mons, intitulé : *Epitaphes des Pays-Bas*, l'inscription que nous reproduisons et qui se trouvait autrefois dans l'église des Augustins, à Enghien, la voici :

« Chy dessous gist Jehan DU BOIS dict DE HOVES, escuyer, en son lamps seigneur de Poelmes (1) qui trespassa en l'an de grâce mil V⁰ VI le XXᵉ jour d'avril. »

Voir ledit Manuscrit, f⁰ 50, v⁰. *(Communication de M. Emile MATHIEU, avocat et littérateur à Mons).*

———

A la page 22, ligne 4 et en note : au lieu de *de Calonne*, lisez : *Canonne*, et pour les armoiries, voyez page 93, ligne 5. ———

A la même page 22, nous citons les noms de VANDENBERGHE et DE GIVRY ; voici les armoiries de ces familles :

VANDENBERGHE : *d'or, à la bande de gueules, chargée d'un taureau d'argent passant dans le sens de la bande* ; aliàs : *chargée d'un bœuf marchant d'argent.*

DE GIVRY : *de sable, à trois quintefeuilles d'argent.*

———

A la page 25, nous citons les noms de *de Greves* et de VERJUIJS, voici les armoiries attachées à ces noms :

_____

(1) *Roesnes, Ruesnes, Ruene* ou *Reusmes.*

DE GREVE : *de gueules à trois losanges d'argent, aboutées en pal ; au lambel d'azur en chef;* aliàs : *d'azur, au chef d'argent, chargé de trois roses de gueules, boutonnées d'or, barbées de sinople.*

VERJUIJS : *d'argent, à trois fasces de sable, au lion de gueules brochant sur les trois fasces.*

Une branche de la famille *Verjuijs* portait : *les trois fasces et le lion en* CHAMP D'OR.

———

A la page 28, notre noté est mauvaise, nous nous empressons de la rectifier ainsi que le nom du fief de *la Sossoye,* cité par nous, page 30, ligne 16, et qui nous paraît être le fief de *Lassessois* à Attiches (1).

On lit dans la STATISTIQUE HISTORIQUE ET ARCHÉO-LOGIQUE DU DÉPARTEMENT DU NORD, à la page 861 :

« Deux châteaux forts, celui d'Hérignies, près de Drumez, et celui de Lassessois, à l'est d'Attiches, furent occupés en 1708, par les troupes du maréchal de Berwick, envoyées pour débloquer Lille. »

———

Page 54 : Tous les enfants de Marie-Louis-Benoît *du Bois de Hoves de Fosseux* et de Marie-Elisabeth-Félicité *Daveluy* sont nés à Amiens.

———

Page 55, première ligne : au lieu de *née à Paris,* il faudrait lire : *née à Macquelines près Betz,* selon la SAINTE ET NOBLE FAMILLE DE LILLE (citée, ci-devant, page 29, en note) page 74, ligne 16.

———

Même page, ligne 7 : au lieu de *24 mai,* il faudrait lire : *23 mai,* selon la prédite SAINTE ET NOBLE FAMILLE, p. 74, ligne 5.

———

(1) Aliàs : *la Cessoye.*

Même page : ligne 14 : au lieu de *9 mars*, il faudrait lire *10 mars*, toujours selon la SAINTE ET NOBLE FAMILLE, p. 74, ligne 8.

Ajoutez au bas de la page 87 :

Isabeau *de l'Esclatière* épousa Adrien *de Morchipont*, seigneur de Choisies, prévôt de Valenciennes en 1558, lequel se remaria avec Louise ROLLIN, fille d'Isambart.

DE MORCHIPONT : *de sable, billetté d'or, au lion du même, armé et lampassé de gueules; à la bordure d'argent chargée de huit hermines de sable, autour de l'écu* (1).

Ajoutez au bas de la page 90 :

Jossine *de Ville* était veuve, en 1506, de Guillaume *de Hoves*, lorsqu'elle vendit sa terre du Petit-Kévy à Charles *de Lalaing*, seigneur d'Escornaix (2).

A la page 92, après la ligne 18, on peut ajouter :

Déjà en 1608, il n'y avait plus au Manaing, de manoir avec pont-levis, fossé, basse-cour et *herbergue* (auberge?), comme cela y existait encore au XVIe siècle.

A la page 98, ligne 21, lisez :

GÉRARDINE OU GERTRUDE *de Gavre*, fille d'Adrien, seigneur de Lauwe et de Jeanne *van der Woestijne*, dame de Larne (3).

---

(1) Th. BERNIER, d'Angre. *Histoire des seigneuries de Quievrain, Baisieux, Angreau et Morchipont.* Mons, Alf. Thiemann. 1865. PP. 94 et 95.

(2) F. V. GOETHALS. *Dict. hérald. et gén.* T. 2, page 383.

(3) J. GAILLIARD. *Bruges et le Franc.* T. 1, p. 97, ligne 16. Antoine *d'Hérignies* y est appelé Antoine *de Beaumont.*

TABLE

DES NOMS DE FAMILLE (1).

Abbonnel, 13.
Alloz (de), 49.
Andelot (d'), 14, 16, 86, 87.
Aoust (d'), 23, 25, 26.
Appelteren (van), 18.
Argies (d'), 10, 14, 15.
Assignies (d'), 50, 86.
Astices *ou* d'Astiches (d'), 96.
Attiches (d'), 95, 96, 97, 98.
Auberchicourt (d'), 22, 25, 26.
Audenarde (d'), 90.
Auffay (d'), 23, 25, 26.
Auverlot, 82.
Auxy (d'), 16, 21, 22, 77.
Avelus (d'), 53.
Aveluy (d'), 53.
Averoult (d'), 51.
Awans de Hautebierges (d'), 36.

Bacquehem (de), 17, 18, 40, 43, 49, 50, 51, 70, 72, 73.
BADIER, 14, 40.
Baglion de la Salle (de), 31.
Baguet, 79.
Baillencourt, dit Courcol, (de', 30.
Balet, 60.
Barbançon (de), 6, 10.
Baudelet, 53.
Baudouin, 57, 64.
Bauffremez, ou de *Beaufremez (de),* 17, 49, 50, 73.
Beaucousin, 55.
Beauffort (de), 16, 23.
Beaumont (de), 101.

Becquet, 31.
Berghe (van den); 22, 99.
Berghes (de), 48.
Bergues, 50.
Bernard d'Esquelmes, 20.
Bernastre (de), 46.
BERNIER, 85, 101.
Bertoult, 23, 24, 25, 26, 29.
Béthencourt (de), 8, 51.
Béthune (de), 91.
Berwick (de), 28, 100.
Biche (de la , 18.
Biquet, 57, 64.
Blancq (le), 98.
Blawart, 31.
Blocquel, 23.
BLOND (LE), 88, 95.
Boccart, 29.
Boisdainghien, 7.
Boisdenghien, 7.
Boisdenghien (du), 7.
Bois de Fiennes (du), 7.
Bois (du), 66, 67, 68, 69, 70, 71, 72, 73, 74, 91.
Bois Halbran (du), 91.
Bois de Hoves (du), 5 à 55, 58, 60, 63, 67, 68, 69, 70, 71, 72, 75, 77, 78, 81, 84, 86, 92, 95, 99, 100.
Boiroud, 49.
Bonenfant, 22.
Bonines ou Bonninnes, 97.
Bonlez (de), 14.
BOREL D'HAUTERIVE, 9, 18, 22, 23, 34, 42, 57, 64, 91.
Bos (du ou dou), 7, 11, 13, 15.

(1) Tous les *noms,* alliances directes des familles *du Bois de Hoves* et *du Vernay du Plessis,* sont imprimés en *italique,* et tous les NOMS D'AUTEURS le sont en *petites capitales.*

Boz (don), 7.
Boubais (de), 18, 49.
BOUCQ DE TERNAS (LE), 12, 19, 22, 40, 45, 51.
Boulé, 30, 31, 32, 33, 34.
Boulogne (de), 52, 53.
Bourbon (de), 58.
Bourdon, 91.
Boussut en Faigne (de), 86.
Boutry, 73, 74.
Bouvignes, 97.
Bovines, 97.
Brabant ,de), 14.
Brabant, dit Brandt (de), 86.
Brésy (de), 79.
Breuc-Audin (du), 51.
Breucq (du), 35.
Brisay (de), 35.
Brugandin, ou Brugantin, 51.
Buisson (du), 22.

Cabiliau, 91.
CAILLE, 65.
Calckene (van), 15
Calonne (de), 22, 34, 94, 99.
Cambe, dit Gantois (de le), 98.
Cambry (de), 20, 25, 89, 93.
Candèle (le), 18, 20, 25, 29.
Canonne, 76, 93, 94, 99.
Cardon, 32.
Carette, 50.
Caron (le), 9.
Carondelet .de), 14.
CARPENTIER (LE), 8, 9.
Casselle, 97.
Castelain, 18.
Catterby, 57, 64.
Caudron, 79.
Caulier, 23.
Caverson (van), 49.
Cazier (de), 26, 27, 33.
CHAMBGE DE LIESSART (DU', 29, 91.

Chambre (de la), 85.
Champau, ou Champeau, 57.
Chapelle (de la), 50.
Chastel de la Howardries (du), 16, 51 (1).
Chastillon-Blois (de), 92.
CHENAYE-DESBOIS (DE LA), 4, 29, 40, 51, 66.
Chevalier, 61, 80.
Chièvres (de), 90.
Claerhout (van), 15.
Clercq (le), 20.
Cléry, 12.
Colié, 83.
Compère, 89.
Constantinople (de), 90.
Cornon (de), 16.
Cottrel, 51.
Courtebecq (de), 87.
Coyghem (van), 16, 17.
CRÉTEAU, 19, 88, 97.
Croix (de), 96.
Croix, dit de Drumez (de), 96.
Crusle (de), 23.

Daligre, 68.
Daoust, 25.
Dauffay, 25.
Dave, ou de Davre, 14, 89.
Daveluy, 53, 54, 100.
Delannoy, 5.
Delft (van), 15.
Déliot, 18, 20.
Demarbaix, 82, 83.
Dervilleis, 32.
Descaussines, 15.
Descornaix, 34, 35, 36, 65.
Despasse, ou Desposse, 79.
Despretz, 41, 67, 70, 71, 72.
Dessars, 79.
Dimenche, dit le Lombart, 92, 93.
Doorne (van), 69.

(1) Par arrêté royal du 14 avril 1876, le comte DU CHASTEL (Raymond-Victor-Albéric), sous-lieutenant au 1ᵉʳ régiment de guides, a été autorisé, sauf opposition en temps utile sur laquelle il sera statué, à substituer à son nom patronymique celui de du Chastel Andelot, après l'expiration du délai d'une année depuis la présente publication (Moniteur belge).

Dorigny, 17.
Douve (de la), 14.
Doye, 25, 26.
Dragon, 20.
Dubois de Hoves, 9.
Duprez, 62.

Enghien (d'), 8.
Escaterie (de l'), 87.
Escatière (de l'), 87.
Escattière *ou* de Lescattière (de l'), 87.
Escaussines (d'), 11, 14.
Esclatière (de l'), 71, 84, 85, 86, 87, 101.
Escornaix (d'), 34, 64, 65.
Escuyer (de l'), 17.
Esne (d'), 11. 12.
Espinoy (d'), 11, 15.
Eve, 98.

Farvacques (des), 22.
Fasse, 21
Febure (le), 48, 49.
Febvre (le), 48.
Febvre-Rose (le), 48.
Febvre-Mulle (le), 48.
Ferrare de Reppeau (de), 5, 76.
Fevre de Caumartin (le), 44.
Fiennes (de), 12.
Flandre (de), 90.
Flandre-Hainaut (de), 11.
Fons (de la), 66.
Fontaine, 84.
Fontaines, 12.
FONTAINE DE RESBECQ (de), 29, 30.
Forceville (de), 15.
Formanoir de la Cazerie (de), 59.
Fosseux (de), 40, 75.
Foulsoin (de), 84.
Fournier, 20.
Foussoin (de), 84.
France-Dreux-Bretagne (de), 92.
François, 61.

Gailliard, 101.
Galbart, 9, 41, 42, 47, 49, 67, 73.
Gavre (de), 7, 17, 86, 87, 98, 101.

Gemboult, 60, 81.
Genoviers (de), 23.
Ghistelles (de), 17.
Gilbert, 34, 35, 65.
Gilleman (de), 27, 28, 31, 33.
Gillemaut, 28.
Givry (de), 22, 99.
Glizœulle (de la), 86.
Goegnies *ou* de Gougnies (de), 89.
GOETHALS, 7, 9, 16, 18, 89, 90, 96, 101.
Gombault, 21, 25, 29, 76, 77, 94, 95.
Gommer, 96.
GOOVAERTS, 48.
Gosseau, 34.
Gottignies (de), 10.
Gouttier, 81, 82.
Gouy d'Anserœul (de), 59.
Grenet, 91.
Grenus, 20, 77.
Greve, ou *de Greves (de)*, 24, 25, 27, 99.
Grospré de Gorguehel (du), 23, 24, 25, 29.
Guérard, 46.
GUILLAUME, 10, 27, 91.

Hamme (van), *voir* Luu (de).
Hanotel, 49.
Hanotte, 31.
Hapiot, 77.
Harduin d'Hamel et de Martin, 34, 35, 58.
Hargerie (de la), 14, 16.
Hauchin (de), 88.
Haucourt, *ou* d'Aucourt (d'), 40, 48, 63
Haynin (de), 9, 21, 41.
HAYNIN (DE), 21.
Hecke (van), 62.
Henry, 27, 38, 44, 60, 82.
Hellin, *ou* de Hellin, 96, 97,
Hennin-Liétard-Cuvillers (de), 41, 75.
HERCKENRODE (DE), 9, 14, 30, 96.
Hérignies (d'), 17, 24, 25, 98, 101.
Hermaville (d'), 40, 44, 45.
Hertain (de), 8.
Hoft (de), 22.
Hollain (de), 22, 25, 26, 77.
Hours (de), 20.
HOVERLANT DE BAUWELAERE, 5, 24, 26, 27, 33, 44.

Hoves (de), 9, 88, 89, 90, 91, 101.
HOZIER (D'), 9, 14, 22, 23, 29, 34, 42, 45, 51, 63.
Hryniensiz, 82.
Huldeberghe, *ou* de Huldenberghe (de), 14.

Jauche-Mastaing (de), 85.
Joly, 80.

Kerchove d'Hallebast (van de), 59.
KESSEL (DE), 18.
Kessel (van), 18.

Labor, 9.
Ladrière (de), 83.
Lagache de Bourgies, 29, 30, 36.
Lalaing (de), 101.
Lallart, 52.
Landas (de), 23, 25, 26, 29, 96.
Langhemeersch (van), 15.
Lanne, 35.
Lannoy (de), 13, 50.
Laroche, 47, 73.
Lassus (de), 40, 48.
Launay (de), 70, 71, 72.
Laurent, 30, 31.
Lebon, 52.
Lebrun, 17.
Lecesne, 73.
Lecointre, 60.
Lefebvre, 61.
Lens (de), 88.
Lepreux, 62.
Lerneux (de), 35.
Leroux, 41.
Lescart, 83.
Licques (de), 88.
Liez (du), 48.
Livemont, 79, 80.
Livois (de), 53.
Llano - Velasco (de), 48, 49.
Lobel (de), 27, 28.
Longpré (de), 15.
Longueval (de), 12, 15.
Loodick (de), 15.
Lootz, 49.
Luu (de), 85.

Luxembourg (de), 86.
MAGNY (DE), 5, 57, 63, 64.
Mahieu, 79.
Malannoy, dit Picart (de), 22, 77.
Male de Ghorain (van), 60.
Malet, ou *Mallet*, 16.
Malhon, 45.
Manchon, 51.
Manessier, 66.
Maniet, 79.
Maquar, ou *Maquart*, 57, 63.
Margrite, 33.
Maroteau, 36.
Marquant, dit de St-Venant, 96, 97.
Marselle, 31.
Martigny (de), 89.
Martins (des), 91.
Masmines (de), 15, 85.
Massiet, *ou* de Massiet, 50.
MATHIEU, 99.
Mathon, 45, 46, 47.
Maubus (de), 20.
Mausat-Laroche, 74.
Mayer, 62.
Meera (de), 48.
Meere (van der), 91.
Melsnyder, 61, 80.
Mendieta-Campo (de), 49.
Menecier, *voir* Mennessier.
Mennessier du Plessis, 36, 60.
Mérat (de), 48.
Merchier (le), 22, 23, 41.
Mesre, dit d'Antoing (le), 97.
Mieuvre (le), 20.
Mire (le), 49.
Miroux, 34.
Mol (de), 19, 20.
Moncheaux, dit *Adin (de)*, 27, 30.
Monseur, 79.
Nont de Gages (du), 35.
Montfort (de), 92.
Montmorency (de), 75.
Montreul, 34.
Morant, 69.
Morchipont (de), 101.
Moreaux, 79.
Morel de Tangry, 17.
Movardrie (de la), 48.
Mullet, 49.
Muyssart, 97, 98.

Nédonchel (de), 49, 50.
Neelle-Offemont (de), 15.
Nœufville (de), 12.
Neufville-Bacquehem (de), 18, 49.
Nicolas, 80.
Nieulles (de), 20.

Occoche-Manchicourt (d'), 19.
Offegnies (d'), 36.
Ongnies (d'), 9, 16.
Origny (d'), 17.
Ottenfels, 69.
Oudin de Bry, 54.
Oye (d'), *voir* Oye (van).
Oye de Rougefay (van), 23, 25, 26, 29.

Page d'Obiessart (le), 65.
Palan, *ou* de Pallant, 98.
Pamart, 34, 66.
Passenbronder, 37, 39.
Pavard, 51.
Petit, 91.
Petitpas, ou *Petypas*, 27.
Picavet, 16, 97.
Piennes (de), 15.
Pinchon, 86.
Platel, 69.
Poitiers, dit *de Lihange (de)*, 11.
Popelaire de Terloo, 60.
Pottes (de), 88.
Pourret, 95.
Prant de Blaesvelt (de), 9.
Pretz (des), 40.
Prelle de la Nieppe (de), 89.
Preud'homme d'Haillies (de), 59.
Pronville (de), 20.

Quarré du Repaire, 46.
Quentin de Chancenay, 55.

Raoul, 31.
Rasse (de), 12.
Raulin, 23.
Récourt (de), 88.
REIFFENBERG (DE), 90.
Reffln, 89.
ROBAULX DE SOUMOY, (DE), 21.

Rœulx, dit *d'Escaussines (du)*, 11.
Rolin, *ou* de Rollin (de), 50.
Rollin, 101.
Rond (le), 90.
Rost (du), 86.
Routart, 46.
Rubempré (de), 86.
Ruelle (de la), 96.
Ruffault, 97, 98..
Rumaucourt (de), 14.
Ruyter (de), 48.

Sailly (de), 12, 13, 14, 15.
Sainte-Aldegonde-Noircarmes (de),14
SAINT-GÉNOIS DE GRANDBREUCQ (de),
    10, 11, 12, 13, 14, 15, 16, 86, 96.
Saint-Venant (de), 96, 98.
Salle (de la), 23, 25.
Saulnier de la Pinelais, 54.
Savart-Delwart, 5.
Saveuse (de), 88.
Schacht, 23.
Schoorisse (van), 64.
Simon, 38.
Simonez, 79.
Sire (de), 89.
Somaing (de), 86.
Sourdeau, 21, 22, 25, 29, 76.
Steeland (de), 19.
STEIN D'ALTENSTEIN (DE), 21, 22, 76, 91.
Stoppelarcq, *ou* Stoppelaere (de), 93.

TARLIER, 14.
Tellier (le), 68.
TERNAS (DE), *voir* BOUCQ DE TERNAS (LE)
Terstalle, 33.
Thiennes (de), 7, 9, 15, 16, 17, 24.
Thieulaine, ou *de Thieulaine*, 17, 19,
    23, 24, 25, 26.
Thirou, 34, 66.
Thouars (de), 21, 22, 25, 76, 93.
Thouwart, Thowars, *ou* Touwart,
    93, 94, 95.
Tombel (de), 72.
Toreau, 80.
Touroute (van), 30.
Tramerie (de la), 49.
Trazegnies (de), 11, 12, 89.

Trier de Hautebierges (van), 36, 37, 39
Trier de Meulenberg et Brandt (van), 31.
Turpin, 23.

Vaillant de Jollain (le), 59
Valincourt (de), 8.
Vandenberghe, 22, 99.
VANDENBROECK, 21, 76, 95
Varvenne, 62.
Vasseur (le), 50.
VEGIANO (DE), 9, 10, 30, 89, 96.
Verdeau, 85.
Vergelois, 93.
Verjuijs, 24, 25, 99, 100.
Vermeilles (de), 9, 44, 67, 70, 71, 72.
Vernay (du), 63, 64
Vernay de Neceville, *ou* du Vernay de Niceville (du), 57, 64.
Vernay du Plessis (du), 35, 38, 56 à 64, 75, 78, 80, 81, 82, 83.
Vernay du Plessis-Vertamont (du), 62
Vernet du Plessis (du), 60, 81, 82 84.
Villars (de), 75.
Ville (de), 101.
Villers (de), 64.

Villette, 54.
Vinchent, 33.
Vredeau, 85.

Waitte (le), 43.
Walincourt (de), 8, 12.
Wandendiche, 72.
Warwane (de le), 97
WAUTERS, 14.
Wavrain (de Wavrin), 15.
Welska, 60, 81.
Wérotte, 37, 39.
Wéry, 79.
Wetmur, 35, **38**.
Willaumez, 83.
Woestijne (van der), 101.
Wyns de Rocour, 36.

Ysebrant de Difque et de Lendouck, 38, 50, 58, 59, 60.
Yve (d'), 16.

Zoetart, 31.
Zoomberghe (de), 43.

TABLE DES MATIÈRES.

Généalogie de la famille DU BOIS DE HOVES DE
  FOSSEUX 5
Armes 5
Introduction 7
Filiation directe (1300 à 1876) 10
Branche cadette dite d'*Hermaville*, d'*Haucourt*, de *Lassus* et de
  Fosseux 40

Généalogie de la famille DU VERNAY DU PLESSIS. 56

APPENDICE 63
ANNEXE 1. — Dossier de la famille *du Bois de Hoves*, etc. . . 63
ANNEXE 2. — Dossier de la famille *du Vernay du Plessis*, etc. . . 63
ANNEXE 3. — Crayon généalogique de la famille *Descornaix* . . 64
ANNEXE 4. — Lettres patentes reconnaissant la noblesse d'Antoine
  Dubois, seigneur de Duisans 66
ANNEXES 5, 6, 7. — Certificats de noblesse délivrés par Pierre-Albert
  de Launay, roy d'armes 70
ANNEXE 8. — Acte de mariage de Jean-Philippe *de Bacquehem* et
  d'Eléonore *du Bois de Hoves* 73
ANNEXE 9. — Terre de Duisans 74
ANNEXE 10. — Terre de Fosseux 75
ANNEXE 11. — Etat des revenus de la famille *du Bois de Duisans*, en
  1712 75
ANNEXE 12. — Droits de la famille *du Vernay du Plessis* à la jouis-
  sance des revenus de la fondation *de Ferrare de Reppeau* . 76
ANNEXE 13. — Droits de la famille *du Vernay du Plessis* à la jouis-
  sance des bourses d'études de la fondation Jacques *Mahieu* . 79
ANNEXE 14. — Acte de baptême de Louis-Joseph-François *du Vernay
  du Plessis* 81
ANNEXE 15. — Déclaration de domicile de Pierre-Louis-François-
  Joseph *du Vernay du Plessis* 83
ANNEXE 16. — Fragment sur la famille *du Bois de Hoves de l'Esclatière*. 84
ANNEXE 17. — Notice sur la famille *de Hoves* du pays de Namur . 88
ANNEXE 18. — *de Hoves* incertains 90
ANNEXE 19. — Un des héros du *combat des Trente* . . . 91

Annexe 20. — Le Manaing et ses seigneurs de 1450 à 1670.   .   .   92
Annexe 21. — Crayon généalogique de la maison d'Attiches   .   .   95

Errata et Addenda.   99
Table des noms de famille   103

AVIS AU RELIEUR.

Planche I	. . . .	devant la page 6
» II	. . . .	» » 12
» III	. . . .	» » 14
» IV	. . . .	» » 24
» V	. . . .	» » 40
» VI	. . . .	» » 44
» VII	. . . . .	» » 56
» VIII	. . .	» » 84

FIN.

Tournai, typ Ad. Delmée

www.ingramcontent.com/pod-product-compliance
Lightning Source LLC
Chambersburg PA
CBHW052207270326
41931CB00011B/2251